반복되는 업무 자동화를 위한

파워 오토메이트

저자 | 장부관

YoungJin.com Y.
영진닷컴

반복되는 업무 자동화를 위한
파워 오토메이트

ISBN 978-89-314-7467-1

독자님의 의견을 받습니다
이 책을 구입한 독자님은 영진닷컴의 가장 중요한 비평가이자 조언가입니다. 저희 책의 장점과 문제점이 무엇인지, 어떤 책이 출판되기를 바라는지, 책을 더욱 알차게 꾸밀 수 있는 아이디어가 있으면 이메일, 또는 우편으로 연락주시기 바랍니다. 의견을 주실 때에는 책 제목 및 독자님의 성함과 연락처(전화번호나 이메일)를 꼭 남겨 주시기 바랍니다. 독자님의 의견에 대해 바로 답변을 드리고, 또 독자님의 의견을 다음 책에 충분히 반영하도록 늘 노력하겠습니다.

파본이나 잘못된 도서는 구입처에서 교환 및 환불해 드립니다.

이메일 | support@youngjin.com
주소 | (우)08507 서울특별시 금천구 가산디지털1로 128 STX-V타워 4층 401호
등록 | 2007. 4. 27. 제16-4189호

STAFF
저자 장부관 | **책임** 김태경 | **진행** 성민 | **내지 · 표지 디자인** 강민정 | **영업** 박준용, 임용수, 김도현, 이윤철
마케팅 이승희, 김근주, 조민영, 김민지, 김진희, 이현아 | **제작** 황장협 | **인쇄** 예림인쇄

Power Automate, 현실적인 디지털 혁신의 시작

하루 종일 반복되는 업무에 지쳐 야근이 끊이지 않으셨나요? 회의와 메일 정리에 치여 퇴근 시간을 놓치는 일이 빈번한가요? 그렇다면 Power Automate가 여러분을 위한 해결책일지 모릅니다.

5년 전, 필자는 고객사의 Microsoft 365를 도입을 진행하면서 Microsoft 365 전환과 현장 지원, 교육 메일 발송 및 회신에 종일 업무를 하다 보면, 매일 9시까지 야근은 불가피한 상황이었습니다. 그런데 Microsoft 365 교육 신청을 Microsoft Forms라는 설문 서비스를 활용하면서 야근 시간이 줄어들고 이에 Power Automate를 통해 단순한 업무들을 자동화하면서 Power Automate가 업무에 꼭 필요한 솔루션이라는 것을 깨달았습니다.

단순 반복 업무에서 벗어나게 해준 Power Automate 활용 경험을 토대로, 필자는 고객사 담당자를 설득하여 Power Automate 교육 과정을 개설하게 되었습니다. 교육에 참석한 직원들은 Power Automate 업무 자동화로 인해 생기는 편리함에 매우 놀라워하며, Power Automate는 일반 회사원들이 반드시 배워야 할 필수 기술이라는 것을 확신하게 되었습니다. 특히, 단순 반복 업무에 시달리던 대리와 과장들이 적극적으로 환영해 준 것은 어쩌면 당연한 일이었습니다.

더구나 Power Automate 서비스가 No Code/Low Code 기반으로 제공되어 코딩을 배우지 않은 일반 직장인도 금방 학습하여 업무에 적용할 수 있다는 점 역시 좋은 점수를 받았습니다. 기존에 파이썬으로 업무 자동화를 구현하고 싶어도 먼저 배워야 할 것들이 많았습니다. 많이 배운다고 해서 바로 이메일이나 엑셀에서 업무 자동화할 수 있는 것도 아니고요. 하지만 Power Automate의 경우, 템플릿을 활용하면 누구나 이미 만들어진 업무 시나리오를 그대로 재활용할 수 있고 팀원이 만든 업무 자동화 흐름을 바로 공유받아 사용할 수도 있습니다. PC에 설치하지 않아도 바로 사용할 수 있죠. 1시간 만에 내가 필요한 업무를 자동화할 수 있다는 것이 바로 Power Automate의 장점이었습니다. 이번 책에도 가급적이면 어려운 코딩에 대한 내용은 모두 배재하고 실제 업무 시나리오 기반으로 작성했습니다. 여러분은 책에 나오는 시나라오를 하나씩 따라한다면 단순 반복적인 작업을 획기적으로 줄일 수 있을 것입니다.

이 책에서 소개하는 시나리오는 필자와 동료들이 실제로 사용하는 업무 시나리오를 기반으로 매우 단순한 흐름부터 작성했습니다. 본래 복잡한 현실 업무도 단순한 작업이 모여서 복잡하게 구성된 것입니다. 모든 업무를 자동화하기보다는 하나씩 자동화 부분을 찾아서 완성해 나가시는 것을 추천드립니다. 여러분도 이 책을 통해 간단한 시나리오부터 시작해 점차 필요한 사항을 추가해가며 Power Automate를 활용해 보세요.

마지막으로, 이 책을 완성하는 동안 도와준 와이프에게 감사의 말씀을 전합니다. 실제로 현실에 사용하고 교육하였던 Power Automate이지만, 막상 책으로 정리하는 것은 상당한 시간이 필요했는데, 그 시간을 양보해 준 그녀에게 다시 한번 감사함을 전합니다.

Power Automate를 통해 업무 자동화를 하려면 무엇보다 궁금하신 점에 대해 물어볼 곳이 없어 당혹스러웠습니다. 필자의 이번 책을 통해 여러분께 Power Automate 세계를 소개할 수 있게 되어 기쁩니다. 함께해요, 더 효율적인 업무가 여러분을 기다리고 있습니다!

저자 장부관

목차

이 책의 구성

Chapter 01   Power Automate란 무엇인가?

Microsoft 365를 이용하여 반복적이고 단순한 업무를 자동화할 수 있는 Power Automate는 Microsoft 365를 비롯한 다양한 서비스 간에 자동화 기능을 설정하여 파일 동기화, 데이터 수집, 워드나 엑셀 자동 생성, 이메일 발송 등의 작업을 자동으로 수행할 수 있습니다.

Chapter 02   Power Automate 시작하기

Microsoft 365를 이용하여 반복적이고 단순한 업무를 자동화할 수 있는 Power Automate는 Microsoft 365를 비롯한 다양한 서비스 간에 자동화 기능을 설정하여 파일 동기화, 데이터 수집, 워드나 엑셀 자동 생성, 이메일 발송 등의 작업을 자동으로 수행할 수 있습니다.

Chapter 03   파일 업무 자동화

앞선 Chapter에서는 Power Automate 앱에서 버튼을 누르면 미리 작성한 이메일이 자동으로 보내지는 클라우드 흐름을 만들고 수정, 테스트하는 방법을 살펴봤다면, Chapter 03에서는 파일 관련하여 반복하여 자주 하는 업무(백업, 포맷 변환, 알림 등)를 자동화하는 방법을 알아봅니다.

Chapter 04   이메일 업무 자동화

직장인이 가장 빈번하게 작성하는 이메일은 보낸 사람과 받는 사람이 명확하고, 주고받은 시간이 기록으로 남기 때문에 업무 소통 근거로 활용되기에 회사에서는 중요한 자료를 전달할 때 주로 사용합니다. Chapter 04에서는 이메일을 첨부 파일 자동 저장 및 반복 이메일을 자동화하는 방법 등을 알아봅니다.

Chapter 05   엑셀 업무 자동화

회사에서 사용하는 프로그램 중 가장 많이 활용하는 것이 바로 엑셀입니다. 엑셀은 당연히 계산을 위한 프로그램이지만 다양한 데이터, 자료 등을 정리하는 용도로도 폭넓게 사용하고 있습니다. Chapter 05에서는 엑셀 표에 자동으로 값이 저장되는 업무 자동화와 이전 Chapter에서 배운 이메일 발송과 연계하여 엑셀에 있는 이메일 주소로 자동 발송하는 작업을 클라우드 흐름으로 만들어 봅니다.

Chapter 06   워드와 PDF 업무 자동화

회사에서는 엑셀, 워드, 파워포인트 문서와 함께 PDF 문서를 많이 사용할 것입니다. Power Automate를 활용하면 저장된 엑셀 정보를 활용해 워드 파일을 생성하고, PDF로 변환하여 이메일을 보내는 등의 일련의 작업을 하나의 흐름으로 자동화하여 업무 시간을 크게 단축할 수 있습니다. 이러한 내용을 Chapter 06에서 알아봅니다.

Chapter 07　신청 업무 자동화

회사에서는 고객이나 직원들의 의견을 모으는 작업을 종종 진행합니다. 예를 들어, 통신사는 고객 상담 후에는 고객 만족도 조사를 실시하고, 학교나 회사에서도 교육이 끝나면 교육 만족도 조사를 실시합니다. Microsoft는 이러한 설문 조사를 간편하게 제공하기 위해 Forms 서비스를 제공합니다. Microsoft 365 사용자는 Forms를 이용해 내부 임직원뿐만 아니라 외부 사용자에게도 설문을 발송할 수 있습니다. Power Automate와 Forms를 결합하면 설문 조사 결과를 실시간으로 엑셀 저장, 담당자에게 이메일을 발송하고, Teams 채널에 메시지 게시까지 한 번에 진행되는 흐름을 구축할 수 있습니다.

Chapter 08　협업 업무 시스템 만들기

Microsoft는 팀원들이 업무 정보를 손쉽게 작성하고 공유할 수 있도록 List라는 서비스를 만들었습니다. Microsoft Lists는 스마트 정보 추적(Smart Information Tracking) 서비스로 웹 기반의 간단한 목록 파일을 작성하여 회사 내 다른 직원과 실시간 공유하는 서비스입니다. 특히 Microsoft 365 사용자의 경우, Microsoft Lists와 Power Automate를 연계하여 다양한 서비스를 제공하는 업무 협업 체계를 구축할 수 있습니다. 이번 Chapter에서는 Microsoft Lists를 활용하여 정보를 등록하는 방법과 승인 커넥터를 활용하여 부서장이 결재 업무까지 적용하는 방법을 소개합니다.

Chapter 09　AI를 활용한 업무 자동화

AI Builder는 코딩이나 AI에 대한 전문 지식이 없는 일반 사용자도 AI를 활용하여 비즈니스 프로세스를 최적화하도록 설계된 Microsoft의 AI 모델입니다. Power Automate에서 제공하는 AI Builder를 이용하면 문서 및 송장 처리, 이메일 관리 등을 손쉽게 할 수 있습니다. Chapter 09에서는 명함이나 계약서에서 간단하게 필요한 정보를 추출하는 과정을 소개합니다.

Chapter 10　Power Automate 유용한 지식

Chapter 10에서는 Power Automate로 흐름을 작성할 때 유용한 몇 가지 지식을 알아봅니다. 첫 번째는 흐름을 공유하는 방법이고, 두 번째는 흐름을 모니터링하고 흐름에 문제가 생겼을 때 대처 방법, 세 번째는 Power Automate에서 숫자를 계산하거나 데이터 형식을 변환하고 비교하는 작업을 수행할 때 사용하는 몇 가지 표현식(express)에 대해 알아봅니다.

동영상 학습 방법

본문의 Section 제목 옆에 QR 코드를 촬영하거나, 이곳의 QR 코드를 촬영하면 저자의 블로그로 이동하며, 이곳에서 Power Automate와 관련된 다양한 추가 학습 자료(동영상 포함)를 활용할 수 있습니다.

INTRO

INTRO 01 | Outlook 계정 만들기

회사에서 Power Automate를 사용하기 위해서는 회사 IT 담당 부서에 요청하여 Power Automate 라이선스를 할당 받아 사용하는 것이 좋습니다. 일반적인 Microsoft 365 사용자라면 기본적으로 Power Automate를 사용할 수 있지만, 회사 라이선스 또는 보안 정책에 따라 허용되지 않을 수 있습니다. 이럴 경우에는 별도 개발자용 Power Platform 계정을 만들어서 테스트해 볼 수 있습니다.

우선 Power Platform 개발자 신청을 위해서는 Gmail 또는 카카오 계정으로 신청이 안 되므로 Outlook 계정을 만들어 봅시다.

01. Microsoft Outlook 홈페이지(https://outlook.live.com) 접속하고 [무료 계정 만들기]를 클릭합니다.

02. [아래 사항에 동의함]에서 가운데 [자세히]를 클릭합니다.

03. 다음 페이지로 넘어가면, 약관이 보입니다. 가운데 [뒤로]를 클릭합니다.

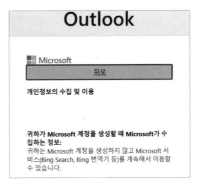

04. 위와 동일하게 두 번째 [자세히]도 클릭하여 약관을 확인하고 [동의]를 클릭합니다.

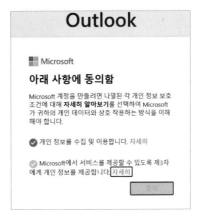

05. 원하는 계정 이름을 입력하고 [다음]을 클릭합니다.

06. 암호를 입력하고 [동의하고 계정 만들기]를 클릭
합니다.

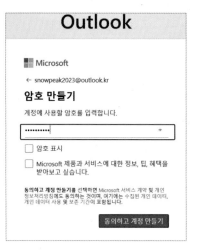

07. '성'과 '이름'을 입력하고 [다음]을 클릭합니다.

08. [국가/지역]에서 '한국'을 선택하고 [생년월일]을
입력한 후 [다음]을 클릭합니다.

09. [다음]을 클릭합니다. 다음에는 퀴즈가 나옵니다. 퀴즈를 풀어주세요.

10. 계정 생성이 거의 완료되었습니다. 로그인 상태를 유지하겠습니까? 질문에 [예]를 클릭하면 Outlook 계정 생성이 완료되었습니다.

INTRO 02 | Power Platform 개발자 신청하기

1. 웹 브라우저에서 Microsoft 365 Developer Program 홈페이지(https://developer.microsoft.com/en-us/microsoft-365/dev-program) 접속 후 [Join now]를 클릭합니다.

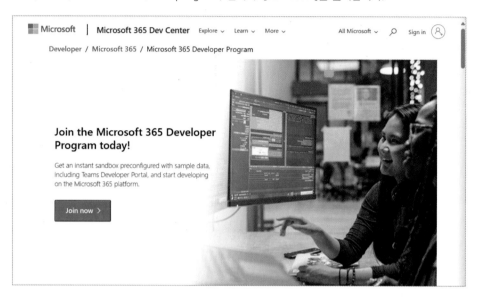

02. [계정 선택] 화면에서 앞서 만든 Outlook 계정을 선택합니다.

✅ TIP [Sign in] 로그인 창이 나오면 Outlook 계정을 입력하여 로그인합니다.

03. [Country/Region]에서 'Korea South'를 선택하고 [Company]에는 여러분이 원하는 회사명을 입력합니다. [Language Preference]는 'English'를 선택하고 동의 체크 후 [Next]를 클릭합니다.

04. 개발자 신청 사유를 체크하고 [Next]를 클릭합니다. 저는 3번째 항목을 체크했습니다.

05. 관심 분야를 선택하고 [Save]를 클릭합니다.

06. [Set up your Microsoft 365 E5 sandbox] 창에서 [configurable sandbox]를 체크하고 [Next]를 클릭합니다.

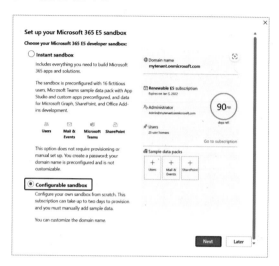

07. [Country/Region]에 'Korea, South'를 선택하고 [Create username]과 [Create domain], [Password]를 생성합니다.

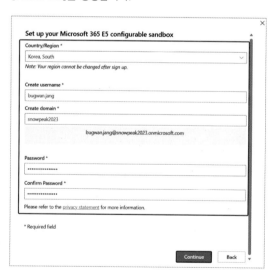

08. [Add phone number for security] 창에서 [Country code]에서 'South Korea(+82)' 를 선택하고 [Phone Number]에서 여러분의 핸드폰 번호를 입력한 후 [Send Code]를 클릭 합니다.

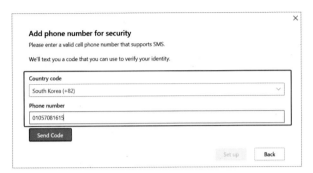

09. [Enter the code]에 받은 문자를 입력하고 [Setup]을 클릭합니다.

10. 다음과 같은 화면이 나타나면 여러분은 개발자 계정을 획득한 것입니다.

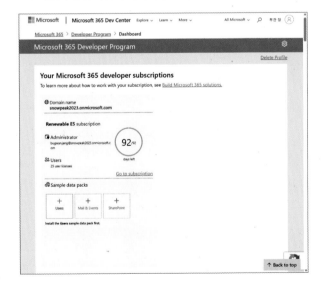

Power Automate란
무엇인가?

'네카라쿠배'라고 들어 봤나요? 네카라쿠배는 우리나라 IT 업계를 대표하는 '네이버, 카카오, 라인, 쿠팡, 배달의민족(우아한형제들)'을 묶어서 부르는 말입니다. 예전에는 취준생에게 선망받는 기업이 삼성전자, 현대자동차와 같은 전통 제조 기업이었지만, 최근에는 IT 서비스 기업이 더 높은 인기를 얻고 있습니다. 이런 IT 서비스 기업이 높은 인기를 얻는 이유는 수평적인 기업 문화뿐만 아니라 높은 연봉을 받기 때문인데요, 이런 높은 연봉은 우리나라뿐만 아니라 미국도 동일합니다. 구글이나 애플도 개발자 연봉이 매우 높죠. 전 세계적으로 실력 있는 IT 개발자 연봉은 높습니다. 왜 그럴까요? 왜냐하면 스마트폰과 클라우드 시대에서 IT 서비스를 만들고 운영하는 IT 개발자가 전 세계적으로 굉장히 부족하기 때문입니다.

전 세계적인 IT 개발자 부족은 기업 입장에서는 굉장히 당혹스러운 일입니다. 스마트폰과 클라우드 시대로 접어들면서 일상의 많은 업무가 디지털화되고 있는 상황에 회사의 주요 업무도 빠르게 디지털화되고 있는데, 필요한 개발자를 구하지 못하기 때문이죠. 때로는 이렇게 높은 연봉을 받는 개발자들이 막상 기업의 IT 구현을 제대로 못 하는 경우도 발생합니다. 실제 기업의 업무 환경은 기업의 업무 전문가가 제일 잘 알고 있으니까요. 그러다 보니 실제 기업의 현장 전문가가 별도 프로그램 개발 역량이 없어도 디지털라이제이션(Digitalization)을 구현하는 업무 도구로 No Code/Low Code 솔루션이 등장하게 되었습니다.

IT 컨설팅 업체 가트너(Gartner)는 앞으로 2025년까지 모든 앱 개발 활동의 70%가 No Code/Low Code 솔루션을 활용하여 만들어지리라 예측하고 있습니다. 그러면 IT 거인인 마이크로소프트(Microsoft)는 이런 개발자가 부족한 미래의 IT 환경에 대비하여 어떻게 준비하고 있을까요? 바로 'Power Platform'이라는 솔루션을 만들어 준비하고 있습니다.

Microsoft Power Platform

Power Platform은 업무용 모바일 앱을 만드는 'Power Apps', 업무 자동화를 위한 'Power Automate', 데이터 분석과 시각화를 담당하는 'Power BI', 채팅 서비스를 제공하는 'Power Virtual Agent', 전문적인 웹 전문가가 아니더라도 홈페이지를 구축할 수 있는 'Power Pages'를 총칭하여 부르는 용어입니다.

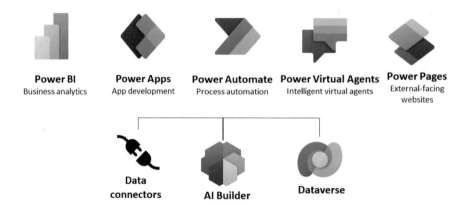

Power Platform은 Low Code/No Code 인터페이스를 통해 일반 사용자가 자신에게 필요한 앱을 만들 수 있도록 도와줄 뿐만 아니라 전문 개발자에게도 빠르게 IT 서비스를 구현하는 개발 환경도 제공합니다. Power Platform은 기존 마이크로소프트가 제공하는 Azure, Microsoft 365, Dynamic 365 서비스와 통합하여 사용할 수 있기에 더욱 효과적으로 활용할 수 있습니다. Power Platform이 제공하는 4가지 서비스의 주요 기능을 간략히 알아보겠습니다.

Power Apps

Power Apps는 기업용 맞춤형 애플리케이션을 빠르게 개발하기 위한 환경을 제공합니다. 사용자는 데이터 저장소로 Microsoft 365의 엑셀, 쉐어포인트 등을 활용하여 업무에 필요한 앱을 쉽게 빠르게 제작할 수 있습니다. 이러한 기능을 통해 현장 직원들은 전문 모바일 앱 개발자 없이 직접 필요한 모바일 앱을 개발할 수 있어 시간과 비용을 절감하고 있습니다. 예를 들어, 펩시콜라에서는 새로운 주차장과 배송 시설을 오픈했을 때 운전자가 할당된 배송 차량을 찾는 데 많은 시간이 소요된다는 문제를 발견했습니다. 이에 현장 직원들은 전문 개발자 대신 Parking Lot 앱을 직접 개발하여 배송 차량의 위치와 경로를 운전자에게 알려주는 것으로 문제를 해결함으로써 전문 개발자를 사용하는 것보다 더 빠르고 비용을 절감할 수 있었습니다.

일선의 현장 작업자가 필요에 따라 직접 앱을 개발하는 일은 전 세계적으로 증가하고 있습니다. 그중하나의 사례로 영국 히드로 공항에서 일하던 Samit Saini의 경험이 있습니다. Samit Saini는 보안 요원으로 일하고 있었는데, 히드로 공항의 다국어 이용객들을 위해 보안 컴플라이언스 가이드가 필요했습니다. 그러나 IT 기술이나 코딩에 대한 지식이 없는 상황에서 Samit Saini는 단 한 주 만에 보안 컴플라이언스를 위한 모바일 앱을 개발하여 IT 부서를 깜짝 놀라게 했습니다. 이렇듯 Power Apps와 같은 도구를 사용하면 현장에서 필요한 모바일 앱을 신속하게 개발하여 업무에 적용할 수 있습니다. 이는 일선 현장 작업자들에게 큰 혁신과 생산성 향상을 제공합니다.

§ Power Automate

Power Automate는 반복적이고 단순한 업무를 자동화하는 서비스입니다. 이 서비스는 Microsoft 365를 비롯한 다양한 서비스 간에 자동화 기능을 설정하여 파일 동기화, 데이터 수집, 워드나 엑셀 자동 생성, 이메일 발송 등의 작업을 자동으로 수행합니다. 이를 통해 개인의 업무 생산성을 향상시킬 뿐만 아니라 기존의 전통적인 ERP 시스템과도 연동이 가능하고 API 연동을 통해 회사 또는 외부 서비스와도 연동할 수 있습니다. 또한 Microsoft 365의 엑셀, 쉐어포인트와 같은 데이터 저장소를 활용하여 Power App 간에 연동을 지원합니다. Power Automate는 두 가지 유형의 업무 자동화 방식으로 구분됩니다.

- **Digital Process Automation(DPA)** : 클라우드 기반으로 동작하는 업무 자동화를 의미하며, Microsoft 365 서비스나 다른 클라우드 서비스(예: Google, Dropbox 등) 간의 애플리케이션, 파일 동기화, 알림 등의 자동화 기능을 수행합니다. 이러한 자동화 기능을 흐름(Flow)이라고 부르며, DPA는 클라우드 흐름(Cloud Flow)이라고도 불립니다. 예를 들어, Outlook 이메일로 수신한 첨부 파일을 자동으로 OneDrive나 Google Drive에 저장하거나 특정 시점에 Word나 PDF 파일을 자동으로 생성하여 대상자에게 첨부 파일로 이메일을 보낼 수도 있습니다. DPA를 통해 업무 프로세스를 자동화하면 작업의 효율성과 정확성을 향상시킬 수 있습니다.
- **Robotic Process Automation(RPA)** : 컴퓨터에서 별도 애플리케이션이 수행하는 업무 자동화로 데스크톱 흐름(Desktop Flow)이라고 부릅니다. DPA가 주로 클라우드 서비스에서 업무 자동화를 수행하는 반면, RPA는 PC 탐색기에서 파일 복사, 이름 변경과 같은 작업을 수행하거나 PC에서 작동하는 ERP 애플리케이션, 웹 브라우저 관련 업무 자동화를 구현할 때 사용됩니다. RPA를 활용하여 일상적인 업무 작업을 자동화하면 생산성을 향상시키고 인간의 실수 가능성을 줄일 수 있습니다. 본 교재에서는 다루지 않습니다.

Power Virtual Agent

Power Virtual Agent는 클라우드 기반의 No Code 챗봇 서비스 솔루션으로, 전문적인 데이터 과학자나 개발자가 아니더라도 누구나 쉽게 챗봇을 구현할 수 있습니다. 최근에는 고객 서비스 분야에서 다양한 챗봇 서비스를 활용하고 있습니다. 예를 들어, 통신사 앱에서는 챗봇을 통해 통신사 가입 일자, 잔여 계약 일자, 요금제 등을 간편하게 채팅으로 확인할 수 있습니다. 이를 통해 고객 서비스 센터의 인력 절감과 고객이 전화 연결의 불편함과 대기 시간을 줄일 수 있어 통신사와 고객 모두에게 편리함을 제공합니다. 이러한 챗봇 서비스는 회사의 업무에도 점차 적용되고 있으며, 기존 회사 포털에 접근하지 않고도 채팅으로 간편하게 정보를 확인할 수 있습니다. 회사 공지 사항, 임직원 연락처, 구내식당 메뉴 등과 같은 내용도 챗봇을 통해 간단하게 확인할 수 있습니다.

작년 11월 Power Virtual Agent는 Copilot Studio로 이름이 변경되었습니다. 단순히 이름이 변경된 것이 아니라 Microsoft의 생성 AI 투자와 Copilot의 통합화에 따라 Copilot Studio로 개편된 것입니다. 대규모 AI 언어 모델을 활용하여 기존 챗봇 작성 방법이 획기적으로 변경하게 되었습니다. 우선 챗봇 서비스를 위한 해당 내용을 수동으로 작성해 주어야 했으나, 이제 Copilot이 관련 정보를 자동으로 사용자에게 응답할 수 있고 원하는 대화 내용을 설명하면 Copilot Studio가 자동으로 만들어줍니다. 이제 누구나 나만의 가상 비서를 Copilot Studio로 손쉽게 만들 수 있게 된 것입니다.

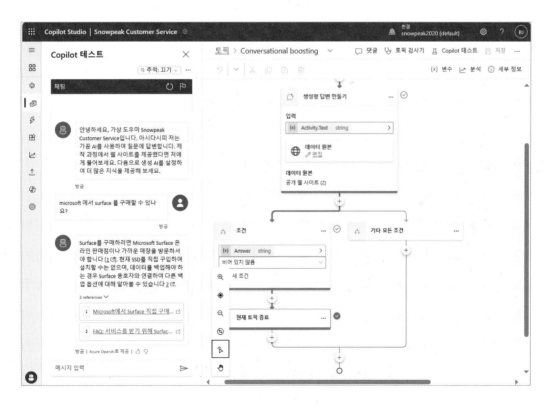

Power BI

Power BI는 데이터 분석 및 시각화를 제공하는 서비스입니다. BI는 'Business Intelligence'의 줄임말로 기업이나 조직이 데이터 기반의 의사 결정을 할 수 있도록 지원하는 비즈니스 분석 및 데이터 시각화 도구입니다. 기존에는 기업에서 의사 결정을 위해 엑셀을 사용하여 데이터를 가공하고 시각화 그래프를 파워포인트로 옮겨 최종 보고 자료를 만들었습니다. 그러나 이 방식은 보고 준비에 많은 작업이 필요하고, 보고를 받는 사람은 보고 자료 외에 추가적인 정보 확인이 어려워 의사 결정에 제약을 줄 수 있었습니다.

Power BI를 활용하면 일반 사용자도 자신의 업무 데이터를 시각화할 수 있으며, 팀원과 쉽게 공유하여 데이터 분석을 신속하게 수행할 수 있습니다. 직관적이고 인터랙티브한 대시보드와 보고서를 생성할 수 있고 다양한 데이터 소스를 연결하여 실시간으로 데이터를 갱신하고 분석 결과를 포함할 수 있어 의사 결정권자가 다양한 정보를 참고할 수 있습니다. 이를 통해 Power BI는 기업이 데이터를 활용하여 빠르고 정확한 의사 결정을 내릴 수 있도록 지원하고 임직원의 원활한 정보 공유 및 업무 생산성을 향상시킬 수 있습니다.

▲ Power BI 홈페이지

Section 02 Power Automate 구성 요소

Power Automate는 단순하고 반복적인 업무를 자동화하는 클라우드 솔루션입니다. 개인의 업무 뿐만 아니라 회사의 업무도 Power Automate를 이용하여 자동화할 수 있습니다. 그러면 자동화 (Automation)는 어떻게 구현하는 걸까요? 그리고 자동화를 설정하려면 어떻게 해야 할까요? 실제로 자동화는 우리 생활 주변에 이미 널리 사용하고 있습니다. 예를 들어, 특정 시간이 되면 스마트폰의 알림이 울리거나 스마트폰으로 전화가 오면 자동으로 통화 녹음이 시작하도록 설정하는 것입니다. 이렇 듯 자동화 설정의 핵심은 '무언가 발생했을 때, 어떤 일을 수행하라'입니다.

언제
무언가 발생했을 때
그러면
어떤 일을 수행하라

무언가 발생했을 때라는 조건은 시간이 될 수도 있고 애플리케이션의 동작이 될 수도 있습니다. Power Automate에서는 이것을 트리거(Trigger)라고 부릅니다(트리거는 말 그대로 권총의 방아쇠로 어떤 동작이 시작하는 첫 번째 이벤트를 말합니다). 트리거에 따라 실행되는 동작을 작업(Actions)이라고 부릅니다. 작업은 애플리케이션 동작 하나일 수도 있고 여러 개의 반복적인 애플리케이션 동작일 수도 있습니다. 일련의 반복적인 동작을 잘 정리한다면 특정 트리거에 따라 알아서 자동으로 실행할 수 있게 됩니다.

트리거 Trigger
무언가 발생했을 때
작업 Action
어떤 일을 수행하라

그럼, Power Automate에서 자동화를 실제로 어떻게 구현하는지 살펴봅시다.

● 트리거(Trigger)

트리거(Trigger)는 자동화를 시작하는 이벤트 또는, 특정 활동을 의미합니다. 모든 흐름은 트리거로 시작되는 점을 꼭 기억해 주세요. 트리거는 종류에 따라 그림과 같이 구분됩니다.

- **자동화된** : 특정한 이벤트로 흐름이 시작되는 방식입니다. 예를 들어, 이메일을 수신하거나 폴더에 새로운 파일에 만들어지는 상황입니다.
- **인스턴트** : 사용자가 직접 작동시키는 방식으로 스마트폰의 Power Automate 앱에서 버튼을 클릭하거나, OneDrive의 특정 파일을 선택하는 상황입니다.
- **예약된** : 특정 시간 또는, 반복적으로 흐름을 시작하는 방식입니다. 같은 시간에 반복적인 업무를 진행할 때 사용합니다.

● 작업(Action)

작업(Action)은 일련의 애플리케이션 동작(예를 들어, 이메일 발송, 파일 복사, Teams 채널 메시지 게시 등)이나 데이터 처리 등의 작업을 의미합니다. 하나의 트리거에 최대 500개의 작업을 진행할 수 있습니다.

흐름(Flow)

흐름(Flow)은 트리거(Trigger)라는 이벤트가 발생하고, 그다음 일련의 작업(Action)이 작동하도록 설정한 것을 의미합니다. 앞으로는 흐름(Flow)이라는 용어를 사용할 예정입니다. 하나의 흐름에는 하나의 트리거와 하나 이상의 작업을 포함하게 됩니다. 흐름은 만드는 방법과 작동 방법에 따라 클라우드 흐름(Cloud Flow), 데스크톱 흐름(Desktop Flow) 그리고, 비즈니스 흐름(Business Flow)으로 구분됩니다. 본 책에서는 DPA에서 작성하는 클라우드 흐름에 대해서 다룰 예정이며, 클라우드 흐름을 단축하여 '흐름'이라고 부르겠습니다. 데스크톱 흐름은 데스크톱 PC 환경에서 작동하는 업무 자동화로 전통적인 RPA(Robotic Process Automation)를 의미합니다. 비즈니스 프로세스 흐름이란 Microsoft Dataverse 기반의 프로세스로 복잡한 업무 프로세스 개발을 위하여 만들어진 자동화입니다. 주로 Dynamic 365 기반의 업무 프로세스를 개발할 때 사용합니다.

각각의 흐름은 사용자 시나리오, 트리거 종류, 작동 방식이 상이하므로 필요에 따라 적절히 선택해야 합니다. 본 교재에서는 클라우드 흐름을 기반으로 한 업무 자동화에 대해 다룰 예정입니다.

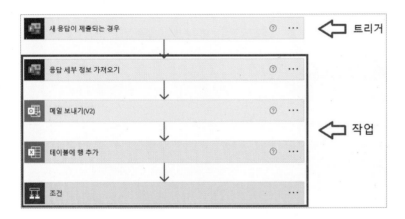

커넥터(Connector)

커넥터(Connector)는 두 개의 시스템, 애플리케이션 간에 인터페이스 연동을 위한 구성 요소입니다. 커넥터는 애플리케이션 연동에 필요한 정보를 갖고 있습니다. '23년 6월 현재 제공되는 커넥터는 1000여 개로 Microsoft 365 서비스만 아니라 Google, Dropbox 등 다양한 외부 서비스도 제공하고 있습니다. 제공하는 커넥터 목록은 'https://powerautomate.microsoft.com/ko-kr/connetors/'에서 확인할 수 있습니다.

커넥터는 일반적으로 표준(Standard)과 프리미엄(Premium)으로 구분됩니다. 표준 커넥터는 기본 Power Automate 플랜(Microsoft 365 사용자가 사용하는)에 포함되고 있지만 프리미엄은 추가 비용이 발생합니다.

Power Automate 업무 활용 사례

필자가 Power Automate를 처음 접하게 된 것은 Microsoft 365가 도입하면서 Power Platform이라는 Low Code/No Code 서비스가 있다는 것을 알게 되었습니다. Microsoft 365 사용자는 Power Platform 서비스를 무상으로 사용할 수 있다는 것을 알고 있었으나 막상 업무에 활용할 일은 없었습니다. 그러다 Microsoft 365 사용자 설치 지원과 교육 접수, 강의, 설문 등의 업무를 혼자 수행하게 되면서 매일 낮에는 강의하고 저녁에는 교육 신청 접수와 안내 메일을 발송하느라 야근이 이어졌습니다.

매일 저녁 9~10시 까지 야근을 하다, '좀 더 효과적으로 업무를 처리할 수 없을까?' 고민했었는데, Power Automate를 통해 해결 방법을 찾았습니다. 그 당시 업무는 매일 저녁 교육 신청자를 접수 받아 안내 이메일 발송하고 교육 당일에는 출석부 준비와 강의 그리고 교육 완료 후에는 출석부를 스캔하여 제 OneDrive에 저장하는 업무입니다. 세부적으로 업무를 나눠보면 아래와 같습니다.

- **데이터 수집** : Microsoft Forms를 통한 교육 신청 엑셀 명단 저장(Forms ▶ Excel)
- **이메일 발송** : 신청자에게 자동으로 안내 메일을 발송(Outlook)
- **문서 작성** : 교육 당일 엑셀 명단이 출석부 PDF 자동 전환(Excel ▶ PDF)
- **데이터 이관** : 회사 복합기로 출석부를 스캔하면 OneDrive로 파일 저장(OneDrive)

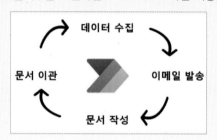

Power Automate를 통해서 위 4가지 업무를 자동화하고 야근이 사라지게 되었습니다. 이렇게 반복되는 개인 업무를 자동화할 수 있지만 이와 별개로 회사 차원에서 Power Automate를 활용하면 기업의 업무 생산성을 향상할 수 있습니다. 그 사례들을 알아보겠습니다.

이탈리아 클라우드 네이티브 은행 illimity 사례

이탈리아 은행 illimity는 사내 직원의 대출 신청 및 승인 프로세스에 Power Automate를 적용하여 프로세스를 간소화하고 자동화하여 대출 건당 15시간/월을 절감했습니다. 기존의 대출 프로세스는 대출 요청에 대해 이메일, 사내 메신저, 전화 통화 등을 통해 수동으로 업무 처리를 진행하고 그다음 복잡한 심사 프로세스에 따라 세부 정보를 대조하고 승인을 위해 HR팀에 보내는 복잡한 프로세스를 갖고 있습니다. 프로세스가 복잡하고 느려서 요청 사항을 추적하기 어려웠습니다.

illimity 은행의 프로젝트팀은 Power Automate를 사용하여 SharePoint Online에 대출받으려는 내부 직원에게 대출 지침을 제공하고, 대출 신청하는 임직원은 Microsoft Forms에 정보를 입력합니다. 프로젝트팀은 Forms를 통해 대출 신청 정보의 유효성 검사를 수행하고 신청서가 올바로 접수되도록 안내합니다. 그런 다음 Power Automate는 수집된 데이터를 기반으로 사전 처리하고 적격 여부를 계산합니다. 또한 자동화된 이메일을 통해 대출 승인 요청 이메일을 HR팀에 보내고 대출이 완료된 경우에는 SharePoint 목록에 업데이트하고 관련된 정보를 PDF로 생성합니다.

Power Automate를 활용한 새로운 프로세스를 통해 직원들에게 더 효율적으로 혜택을 제공하게 되었습니다. 매월 약 15건의 요청을 처리하고 기존 업무 처리 시간을 1시간에서 20분으로 단축할 수 있고 기존 처리 시간도 일주일에서 며칠로 처리 시간을 단축할 수 있게 되었습니다. 그뿐만 아니라 대출과 관련된 업무 병목 현상을 식별하여 병목 현상을 개선하여 업무 효율성은 추가할 수 있게 되었습니다.

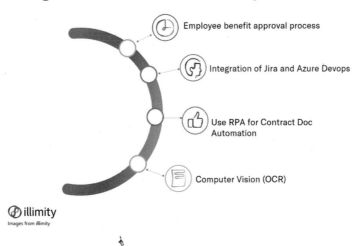

Using Power Automate in illimity

- Employee benefit approval process
- Integration of Jira and Azure Devops
- Use RPA for Contract Doc Automation
- Computer Vision (OCR)

illimity
Images from illimity

● 미국 글로벌 화학 회사 Hexion 사례

Hexion은 미국 오하이오주에 위치한 특수 화학 물질 및 기능성 소재를 제조하는 글로벌 화학 기업입니다. Hexion은 Power Platform을 활용하여 기업 핵심 업무 프로세스를 간소화하고 자동화하여 기업 내 긴급한 문제에 대응하고 있습니다. Hexion의 Power Platform 도입은 Microsoft 365가 도입되면서 본격적으로 추진되었습니다.

Hexion은 Microsoft 365에서 제공하는 Power Automate와 쉐어포인트 온라인(Microsoft 365 문서 관리 시스템)을 활용하여 여러 신청 업무 프로세스를 자동화하였습니다. 고객의 계약 요청 온보딩이나 사내 직원들로부터 신청 정보를 수집하여 쉐어포인트 온라인으로 자동으로 저장하고 해당 결과를 이메일로 담당자가 발송하는 업무 프로세스를 구축했습니다. 이러한 프로세스 구축을 통해 내부 업무 속도가 개선되었습니다(Chapter 08에서 실제 구현 방법을 학습합니다).

이런 업무 자동화에 AI 기술도 적용했는데, 바로 명함 인식 기능입니다. 마케팅팀은 다양한 고객의 명함 정보를 Power Automate의 AI Builder를 활용하여 신속히 인식하고 이를 고객 데이터베이스로 자동으로 저장하도록 업무 자동화를 구현했습니다. 이를 통하여 임직원은 고객 미팅 장소나 박람회 등 다양한 장소에서 바로 고객 정보를 수집하고 수집된 정보를 기반으로 마케팅 업무를 수행하도록 지원할 수 있습니다(Chapter 09에서 AI Builder 명함 판독기를 실제 구현해 봅니다).

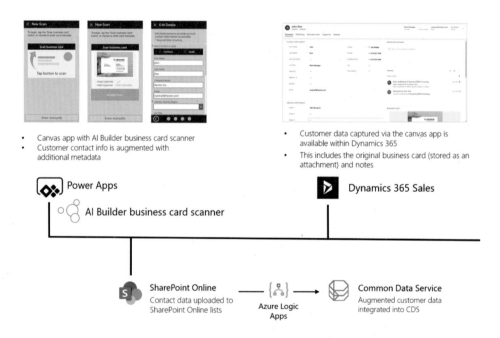

- Canvas app with AI Builder business card scanner
- Customer contact info is augmented with additional metadata

- Customer data captured via the canvas app is available within Dynamics 365
- This includes the original business card (stored as an attachment) and notes

Power Apps
AI Builder business card scanner

Dynamics 365 Sales

SharePoint Online
Contact data uploaded to SharePoint Online lists

Azure Logic Apps

Common Data Service
Augmented customer data integrated into CDS

Hexion 고객서비스팀의 경우 특정 고객을 대상으로 한 달에 두 번 정도 고객 설문 조사를 보내고 있습니다. 고객서비스팀은 ERP 시스템에서 제공받은 고객 이메일 정보를 쉐어포인트 목록으로 복사하여 Microsoft Forms를 활용하여 설문 조사 링크를 이메일로 자동으로 발송합니다. 고객 설문 조사는 대상 고객 추출, 설문 조사 작성, 이메일 발송 등의 단순하지만 번거로운 일입니다. 이런 업무도 Power

Automate를 활용하여 이메일 발송부터 설문 정보 수집과 결과 공유까지 자동화할 수 있습니다(자세한 내용은 Chapter 07에서 다룹니다).

⁑ Power Automate를 활용한 직원 안전 점검 시스템

다음은 Power Automate를 활용하여 직원 안전 점검 시스템을 간단히 만든 사례입니다. IT에 대한 지식이 없는 Asuka Otani는 Power Automate에 관심을 두게 되었고 인터넷과 이러닝을 통해 학습하여 본인 회사를 위한 직원 안전 점검 시스템을 만들게 되었습니다.

지진이 많은 일본에서 지진이 발생하는 경우, 직원들이 안전한지 확인하고 도움이 필요한 직원을 빨리 확인하여 지원해 주는 시스템이 필요했습니다. 이러한 시스템은 꼭 필요하지만, 자주 사용하는 시스템이 아니므로 비용을 들여 구축하는 것이 쉽지 않았습니다. 이에 Asuka Otani는 Power Automate를 활용하여 간단히 직원 안전 점검 시스템을 구축하게 되었습니다.

- 지진이 발생하면 담당자가 회사 임직원에게 메일 발송하는 버튼을 클릭합니다.
- 회사 임직원에게 메일이 발송됩니다. 메일 본문에는 사용자 안전을 체크하는 설문이 포함되어 있습니다.
- 임직원은 메일 본문의 안전 체크 설문에 접속하여 현재 상태를 등록합니다.
- 임직원 상태 정보는 엑셀에 자동으로 저장되어 담당자가 확인합니다.

담당자는 안전 체크 설문을 하지 않은 임직원에게만 바로 연락하여 안전 상태를 체크하면 되므로 업무 효율이 높아집니다.

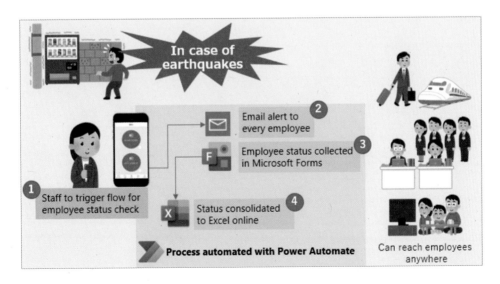

Power Automate를 활용하면 비싼 시스템을 구축하지 않아도 누구나 자신에 필요한 시스템을 간단히 구성할 수 있습니다. 자 이제 본격적으로 Power Automate를 시작해 봅시다.

Chapter
02

Power Automate
시작하기

이번 Chapter에서는 클라우드 흐름을 만들기 위한 Power Automate 홈페이지 접속 방법과 주요 구성 요소를 살펴보고, 스마트폰에서 사용할 수 있는 Power Automate 앱에 대해 소개합니다. 그리고 간단한 클라우드 흐름을 만들고 수정 및 테스트하는 방법을 알아보겠습니다.

Power Automate 홈페이지 살펴보기

업무 자동화 흐름을 만드는 곳은 Power Automate 홈페이지입니다. Power Automate 홈페이지 접속 방법과 주요 메뉴를 살펴봅시다. 우선 홈페이지 접속 방법부터 살펴볼까요?!

▌Power Automate 홈페이지 접속하기

Power Automate 홈페이지에 접속하는 방법은 Microsoft 365 홈페이지를 통해서 Power Automate 홈페이지에 접속하는 방법과 Power Automate 홈페이지에 직접 접속하는 방법이 있습니다. Microsoft 365 홈페이지는 다양한 Office 365 서비스를 제공하기에 여러분도 알고 있으면 좋습니다. 우선 Microsoft 365 홈페이지로 접속하여 Power Automate로 이동하는 방법을 알아보겠습니다.

01. Microsoft Office 홈페이지의 접속 URL은 'https://www.office.com'입니다. 홈페이지에 접속하고 [로그인]을 클릭합니다.

기존 Microsoft에서 제공하는 Office 365 서비스가 Microsoft 365 서비스로 명칭이 변경되었습니다. 하지만 아직도 많은 사람이 Office 365라는 용어를 사용하기에 본 저서에서는 Office 365와 Microsoft 365를 혼용해서 사용합니다.

02. [로그인] 창이 나타나면, 그림과 같이 Microsoft 365 이메일과 암호를 입력하고 로그인 상태 유지 창에서 [예]를 클릭합니다.

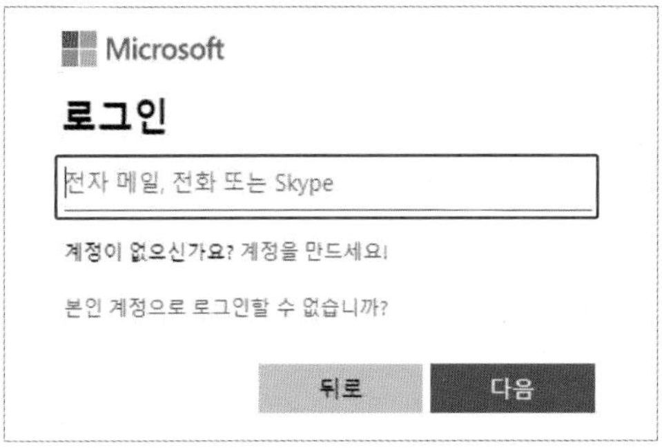

◀ 이메일 입력

◀ 암호 입력

Microsoft 365 이메일 계정이 없으면 앞의 인트로 내용을 참고하여 Microsoft 365 계정을 만들어 주세요.

03. 정상적으로 로그인을 완료하면 Microsoft 365 페이지가 나타납니다. Microsoft 365 페이지에서는 Outlook, Teams 프로그램이 없어도 웹 브라우저에서 바로 접속할 수 있고, 워드, 엑셀, 파워포인트 파일도 웹 브라우저에서 직접 만들고 수정할 수 있어서 편리합니다.

04. 왼쪽 상단의 [앱 시작 관리자]( )를 클릭하면 Office 365 다른 서비스로 이동할 수 있습니다. [Power Automate]( )를 클릭하면 Power Automate 홈페이지로 이동합니다.

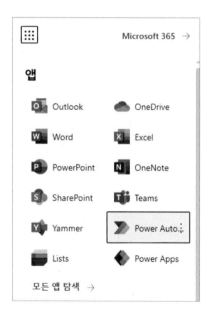

05. 다음은 Power Automate 소개 페이지에 접속하여 로그인하는 방법을 살펴봅시다. Power Automate 소개 페이지의 주소는 'https://powerautomate.microsoft.com'입니다. 맨 위쪽 상단의 [로그인]을 클릭합니다.

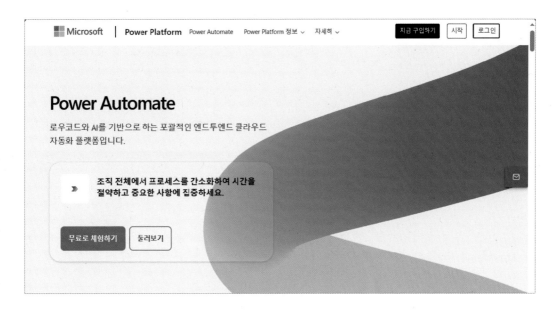

06. [로그인] 창이 나타나고 앞선 방식으로 로그인합니다. 정상적으로 로그인이 완료되면 그림과 같이 Power Automate 홈페이지가 나타납니다.

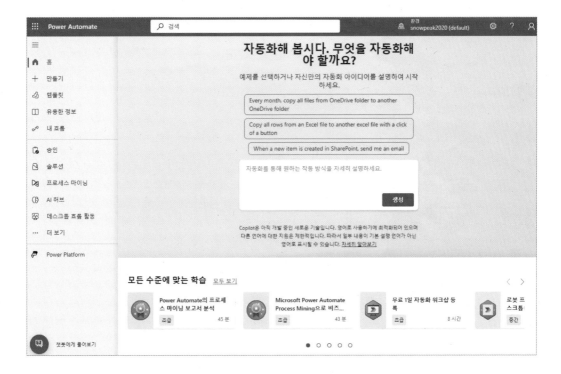

✓ TIP ▸ Power Automate 소개 페이지는 'https://powerautomate.microsoft.com'이고, Power Automate 홈페이지는 'https://make.powerautomate.com'입니다. 클라우드 흐름 만들기는 Power Automate 홈페이지에서 진행하게 됩니다.

⦿ Power Automate 홈페이지 소개

이제 Power Automate 홈페이지에 대해 살펴보겠습니다. Power Automate의 주요 기능은 홈페이지 왼쪽의 메뉴에 위치하고 있습니다.

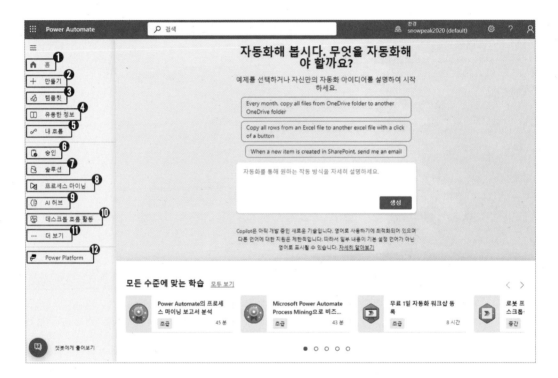

❶ **홈** : Power Automate 홈페이지입니다.

❷ **만들기** : 흐름을 만드는 세 가지 방법(시작, 템플릿, 커넥터)을 보여주며 실제로 여기에서 흐름을 만들게 됩니다.

❸ **템플릿** : Microsoft 또는 Power Automate 커뮤니티에서 사전에 작성한 흐름을 보여줍니다.

❹ **유용한 정보** : Power Automate 설명서와 관련된 콘텐츠를 보여줍니다.

❺ **내 흐름** : 내가 작성했던 클라우드 흐름, 데스크톱 흐름 그리고 공유한 흐름을 보여줍니다.

❻ **승인** : Power Automate에 사용하는 승인과 승인 내역을 보여줍니다.

❼ **솔루션** : 애플리케이션 수명 주기 관리(ALM)을 구현하기 위한 방법으로 개발자 환경에서 만든 클라우드 흐름을 사용자 환경으로 이전하고 사용자에게 배포하는데 사용합니다.

❽ **프로세스 마이닝** : 업무 프로세스 최적화를 위한 업무 프로세스 분석과 시각화를 제공하고 업무 비효율의 원인 파악 및 KPI 모니터링을 제공합니다.

❾ **AI 허브** : AI로 적용할 수 있는 모델과 교육 자료를 제공합니다.

❿ **데스크톱 흐름 활동** : 데스크톱 흐름 활동 내용을 보여줍니다.

⓫ **더 보기** : 왼쪽 탐색 메뉴의 항목을 추가하거나 제외하도록 사용자 지정할 수 있습니다.

⓬ **Power Platform** : Power Apps, Power BI, Power Pages 등 다른 Power Platform 사이트로 이동합니다.

Power Automate 홈페이지 상단의 검색 창을 통해서 커넥터, 템플릿, 커뮤니티와 블로그 내용을 살펴볼 수 있습니다.

오른쪽 상단에는 Power Automate 환경, 설정, 물음표와 본인 프로필 등을 살펴볼 수 있습니다.

❶ **환경** : Power Automate 개발 환경을 보여줍니다.

❷ **설정** : 관리 센터, Power Automate 설정, 내가 보유한 라이선스 등을 보여줍니다.

❸ **물음표** : 설명서, 로드맵, 커뮤니티, 블로그, 가격 정책 등을 소개합니다.

❹ **프로필** : 사용자 계정 프로필 정보를 보여줍니다.

Power Automate 모바일 앱 살펴보기

Power Automate 모바일 앱은 iOS 앱스토어와 안드로이드 플레이스토어에서 각각 다운받을 수 있습니다.

- iOS 앱 앱스토어 : https://apps.apple.com/k/app/power-automate/id1094928825
- 안드로이드 플레이스토어 : https://play.google.com/store/apps/details?id=com.microsoft.flow

아이폰, 안드로이드 모바일 앱 모두 유사한 디자인을 갖고 있으며 홈페이지와 같은 많은 기능을 갖고 있지는 않지만, 모바일에 필요한 핵심 기능을 갖고 있습니다.

❶ 흐름 : 내가 작성한 흐름 목록 제공

❷ 인스턴트 흐름 : 모바일에서 흐름을 실행할 수 있는 인스턴트 흐름 제공

❸ 승인 : 승인 관련된 요청이 오면 모바일에서 바로 승인 처리 제공

모바일 앱에서 주로 사용하는 기능은 '인스턴트 흐름'입니다. 반복되는 업무를 인스턴트 흐름으로 작성하면 모바일에서 버튼 한 번 클릭하여 업무를 처리할 수 있습니다. 예를 들어, 버튼을 클릭하여 수십 명에게 동시에 메일을 보낼 수 있고 필요한 정보를 입력하여 바로 실시간으로 엑셀에 저장할 수 있습니다. Power Automate 앱을 활용하는 방법은 다음 섹션의 첫 번째 클라우드 흐름 만들기에서 살펴볼 수 있습니다.

03 첫 번째 클라우드 흐름 만들기

Power Automate 홈페이지와 Power Automate 앱에 대해 살펴봤습니다. 이제 Power Automate 홈페이지에서 직접 간단한 클라우드 흐름을 만드는 방법과 만들어진 클라우드 흐름을 수정하고 테스트하는 방법을 알아보겠습니다. 첫 번째 클라우드 흐름은 Power Automate 모바일 앱을 클릭하면 Outlook 이메일을 발송하는 흐름입니다. Outlook 이메일에는 이메일 수신자와 제목, 본문을 미리 작성할 예정이어서 한 번 클릭하면 복잡한 이메일도 바로 보낼 수 있습니다. 간단한 흐름이므로 바로 만들어 봅시다.

01. Power Automate 홈페이지(https://make.powerautomate.com)에 로그인 후 왼쪽 메뉴의 [만들기]를 클릭합니다.

02. 이제 흐름을 직접 만들어 봅시다. 홈페이지에 보이는 대로 흐름을 만드는 방법은 '시작(처음부터), 템플릿으로 시작, 커넥터에서 시작' 총 3가지 방법이 있는데 우리는 흐름의 작동 방법을 이해하기 위해서 [시작(처음부터)]에서 시작합니다. [시작(처음부터)] > [인스턴트 클라우드 흐름]을 클릭합니다.

✓ TIP ・ **시작(처음부터)** : 사용자가 직접 흐름을 만드는 방법
> ・ **템플릿으로 시작** : Microsoft가 미리 만든 템플릿을 활용하는 방법
> ・ **커넥터에서 시작** : 커넥터를 먼저 선택하고 흐름을 만드는 방법

> **✓ TIP** ・ **자동화된 클라우드 흐름** : 이메일을 받거나 엑셀의 행이 추가되는 것과 같은 특정 이벤트가 발생하면 흐름이 시작됩니다.
> ・ **인스턴트 클라우드 흐름** : 모바일 앱의 버튼을 누르거나 파일을 선택하여 실행하는 등의 사용자가 흐름을 직접 시작합니다.
> ・ **예약된 클라우드 흐름** : 매주, 매일 등의 특정 시점에 흐름을 시작하게 됩니다.
> ・ **데스크톱 흐름** : PC에서 실행하는 데스크톱 흐름을 표시합니다.
> ・ **프로세스 마이닝** : 업무 프로세스를 분석하고 최적화 작업을 수행합니다.

03. [인스턴트 클라우드 흐름 작성] 창이 나타나고,

> ① 흐름 이름 : '01 메일보내기' 입력
> ② 이 흐름의 트리거 방법 선택 : [수동으로 흐름 트리거] 선택 후 [만들기] 클릭

04. 화면이 전환되면서 웹페이지 가운데에 [수동으로 흐름 트리거]가 나타납니다. 왼쪽 상단을 보면 방금 작성한 흐름 이름(01 메일 보내기)이 보입니다. 오른쪽 상단의 [새 디자이너]를 해제하여 흐름 작성 페이지를 기존 디자이너로 변경합니다.

✅TIP 현재 Power Automate 홈페이지의 흐름 작성 페이지가 일부 변경되고 있습니다. 새로 변경된 페이지를 클라우드 흐름 디자이너(또는 새 디자이너)라고 부르며, 예전 방식을 기존 디자이너라고 합니다. 기존에 작성된 많은 흐름이 기존 디자이너로 이미 만들어져 있기에 본 책에서도 기존 디자이너로 설명합니다. 새 디자이너로 흐름 만드는 방법은 각 챕터마다 안내 블로그 페이지를 QR코드로 추가 공유하니 참고하세요.

05. 기존 디자이너로 변경되었습니다. 웹 페이지 가운데에 [수동으로 Flow 트리거]가 보이고 상단에 [실행 취소, 다시 실행, 설명, 저장, Flow 검사기, 테스트, 새 디자이너 전환 버튼]이 표시됩니다. 다음 작업은 메일 보내기 작업을 추가하는 것입니다. 다음 작업을 추가하는 방법은 트리거 하단의 [+ 새 단계]를 클릭하면 됩니다.

06. [+ 새 단계]를 클릭하면 [작업 선택] 창이 나타납니다. 작업 선택은 커넥터를 선택하는 단계로서 우리는 이메일을 보내는 작업을 할 예정이므로 이메일 관련된 커넥터를 선택하면 됩니다. Microsoft 365 사용자이므로 [Office 365 Outlook]을 선택합니다. [표준] 〉 [Office 365 Outlook]을 클릭합니다(여러분이 Gmail을 사용하고 싶다면 Gmail 커넥터를 선택하면 됩니다.)

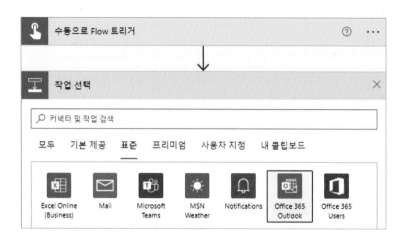

✓TIP 커넥터를 찾기 어려운 경우, 커넥터 및 작업 검색 창에 'Office 365 Outlook'을 검색해도 됩니다.

07. Office 365 Outlook의 여러 가지 동작이 나타납니다. 이메일을 보낼 것이므로 [메일 보내기 (V2) Office 365 Outlook] 동작을 선택합니다.

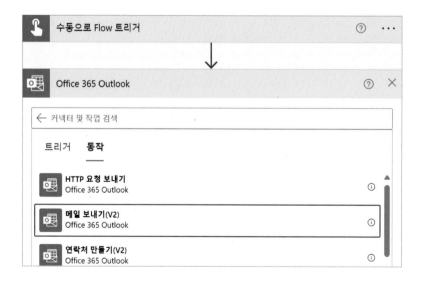

08. [메일 보내기(V2)] 동작을 선택하면 그림과 같이 [받는 사람], [제목], [본문 필드]가 나타납니다. 붉은색 '*' 표시는 필수로 입력해야 할 항목을 의미합니다.

✓TIP 새로운 동작을 추가하면 아래와 같은 작업 안내 창이 옆에 나타납니다. 자세한 정보를 클릭하면 해당 작업에 대한 상세 정보를 확인할 수 있습니다. [X 다시 표시 안 함]을 클릭하고 계속 작업 을 진행합니다.

09. [받는 사람]에는 여러분의 이메일 주소를 입력하고 [제목]에는 '메일 보내기', [본문]에도 그림과 같이 입력합니다. 여러 명의 이메일 주소를 입력하려면 세미 콜론(;)을 이용하여 추가하면 됩니다.

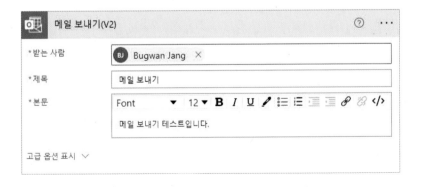

10. 페이지 하단의 [저장]을 클릭하거나 상단의 [저장]을 클릭하면 클라우드 흐름 작성은 끝났습니다.

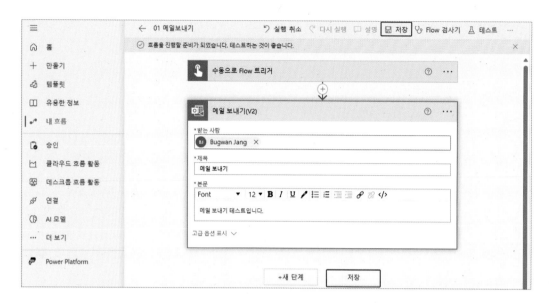

여러분이 방금 작성한 첫 번째 클라우드 흐름을 살펴봅시다. 첫 번째는 [수동으로 Flow 트리거]가 나타나고 하단에 화살표로 이어지는 [이메일 보내기(V2)] 동작이 위치합니다. 보이는 것과 같이 클라우드 흐름은 맨 위 상단에 트리거가 위치하고 하단의 화살표에 따라 다음 동작이 실행되는 형태로 구성됩니다. 여러분이 추가 작업을 만들고 싶으면 하단의 [+ 새 단계]를 클릭하여 계속 작업을 추가할 수 있습니다.

✓ TIP 트리거나 동작의 제목을 클릭하면 동작의 상세 내용이 사라지도록 축소할 수 있습니다.

✓ TIP 간혹 한글을 입력하면 마지막 글자가 사라지는 현상이 발생합니다. 아직 한글 입력이 완벽하지는 않는데 저는 한글을 입력하고 [Space Bar]를 한 번 더 누르거나, [Tab]을 누르는 방법을 사용합니다.

11. 이제 클라우드 흐름이 잘 작동하는지 실행해 봅시다. 스마트폰의 Power Automate 앱을 실행한 후, 앱 하단의 [인스턴트 흐름]을 클릭하면 그림과 같이 [01 메일 보내기]가 나타나는데 [01 메일 보내기]를 클릭합니다(만약 여러분의 Power Automate 앱을 설치하지 않으셨으면 Section 04의 테스트를 참고하세요).

12. [흐름 실행]을 클릭합니다.

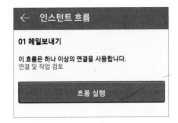

13. 흐름 실행 후 Outlook의 보낸 편지함을 살펴보면 그림과 같이 이메일이 정상적으로 발송된 것을 알 수 있습니다.

Section
04 클라우드 흐름 수정하고 테스트하기

첫 번째 클라우드 흐름을 만들었습니다. 다음은 만들어진 클라우드 흐름을 수정하고 테스트하는 방법을 살펴봅시다.

01. Power Automate 홈페이지 왼쪽 메뉴의 [내 흐름]을 클릭하면 여러분이 작성한 '01 메일 보내기' 흐름이 나타납니다. 해당 흐름의 [편집]을 클릭합니다.

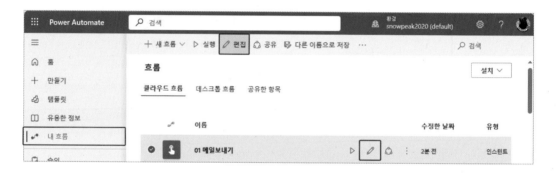

✓ TIP 해당 흐름의 [자세한 명령](⋮)을 클릭하여 메뉴에서 [편집]을 선택할 수도 있습니다.

02. 이전에 작성했던 클라우드 흐름 화면이 나타납니다. 여러분이 수정하고 싶은 내용이 있으면 해당 작업을 클릭하면 됩니다. 이메일 본문을 변경하고자 한다면 [메일 보내기(V2)] 동작을 선택해 봅시다.

✓ TIP 기존 디자이너 페이지로 변경하려면 상단의 [새 디자이너]를 해제해 주세요.

03. 제목과 본문에 아래 내용을 추가 작성하고 [저장]을 클릭합니다.

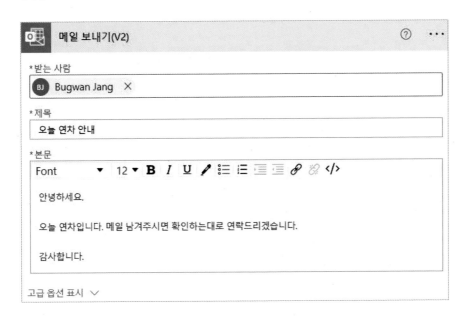

04. 정상적으로 오류가 없이 저장되면 그림과 같이 녹색의 흐름을 진행할 준비가 되었다는 알림이 나타납니다. 이제 오른쪽 상단의 [테스트]를 클릭합니다.

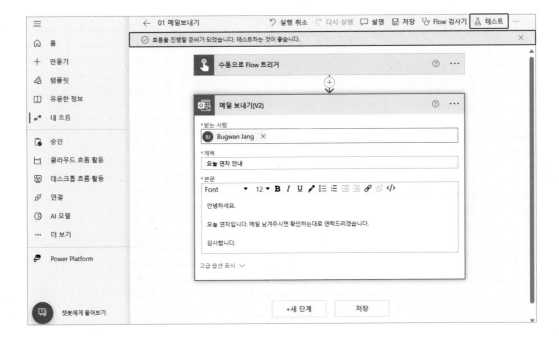

05. 오른쪽에 [흐름 테스트] 창이 나타납니다. [수동]을 체크한 후 [테스트]를 클릭합니다. [자동]은 이미 실행했던 흐름을 다시 한번 테스트할 때 선택합니다.

06. [흐름 실행] 창에는 흐름과 관련된 서비스에 정상 로그인이 되었는지 체크하게 됩니다. 하단의 [계속] 〉 [흐름 실행] 〉 [완료]를 순서대로 클릭합니다.

> **✔TIP** [흐름 실행] 창에 로그인에서 Office 365 Outlook 커넥터에 ⊘이 나타나면 정상 로그인된 것입니다. 만약 오류가 발생하면 ┉를 클릭하여 다시 로그인합니다.

07. 테스트가 정상적으로 작동했다면 그림과 같이 트리거와 동작 박스 오른쪽에 녹색 체크 표시가 나타납니다. 만약 흐름이 오류가 있다면 해당 작업을 클릭해서 오류 내용을 확인할 수 있고 상단 편집을 클릭하여 흐름을 다시 수정할 수 있습니다.

08. 왼쪽 상단의 [이전 페이지로 돌아가기](←)를 클릭하면 흐름의 세부 정보 페이지가 나타납니다. 28일 실행 기록을 살펴보면 해당 흐름이 언제 실행되었는지 확인할 수 있고 어떤 커넥터를 사용하는지 확인할 수 있습니다.

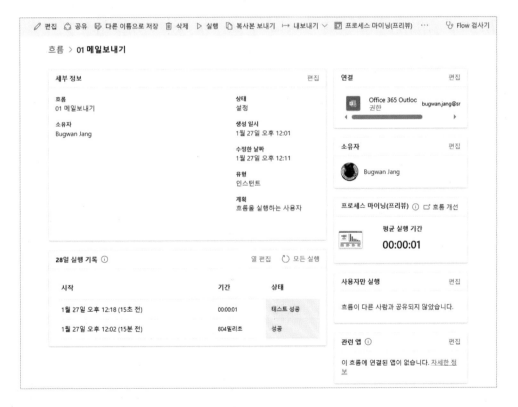

클라우드 흐름을 수정하고 테스트하는 방법을 살펴봤습니다. 이제 다음 Chapter 03에서 본격적으로 다양한 업무를 클라우드 흐름으로 만들어 자동화해 봅시다.

| Microsoft 365 서비스를 자동화하는 Power Automate

Microsoft 365가 도입되기 전에 대부분의 직장인은 문서 작성 도구인 Office 프로그램으로 엑셀, 워드, 파워포인트 문서를 작성하고 이메일 프로그램인 Outlook으로 문서 파일을 전달하는 방식으로 업무를 수행했습니다. 하지만 복잡하고 다양한 업무를 Office 프로그램과 Outlook으로만 수행할 수는 없습니다. 이에 Microsoft는 직장인들의 다양한 업무를 수행할 수 있도록 Microsoft 365에 다양한 서비스를 제공하고 있습니다. 따라서 여러분은 여러분의 업무에 맞는 Microsoft 365 서비스를 찾아 활용하는 것이 중요합니다. 우리 업무에 활용할 수 있는 Microsoft 365 서비스가 무엇이 있는지 간단히 살펴봅시다.

---

❶ OneDrive : 개인 또는 회사 자료를 저장할 수 있는 온라인 보관 공간으로 PC, 스마트폰, 웹 브라우저로 접속하여 사용할 수 있습니다. Office 365 사용자는 비즈니스용 OneDrive 1TB 저장 공간을 제공받습니다. 특히 OneDrive에 자료를 백업해 놓으면 PC를 분실해도 걱정이 없으며 랜섬웨어 등에도 안전합니다. 추가하여 OneDrive에 파일을 저장하면 직장 동료 및 회사 외부인에게 파일을 공유할 수 있고 문서를 공동 편집을 할 수 있습니다.

❷ Teams : 회사 임직원과 채팅, 팀 또는 프로젝트 멤버들을 위한 문서 협업 및 자료 저장 공간 그리고 Zoom과 같은 온라인 회의 서비스를 제공합니다. Microsoft 365가 도입된 회사에서는 Teams 통해 팀원 간 채팅을 하면서 문서 공유 및 영상회의 하는 모습을 흔하게 볼 수 있습니다. 요즘은 회사의 다양한 서비스가 Teams 내 서비스로 추가되고 있어 Teams가 기존의 Outlook을 대체하는 소통과 협업 공간이 되고 있습니다.

❸ Forms : 사용자 고객 만족도 조사부터 직원 피드백 수집까지 비즈니스 운영에 필요한 데이터를 수집하는 서비스입니다. 기존의 이메일로 수집되던 비즈니스 데이터를 Forms를 활용하면 손쉽게 수집할 수 있고 Power Automate를 통해 수집된 데이터를 빠르게 가공하거나 다른 시스템으로 전달할 수 있습니다.

❹ Microsoft Lists : Microsoft에서 제공하는 스마트 정보 추적 앱으로 자산 관리, 인원 관리, 프로젝트 관리 등 다양한 데이터를 목록으로 만들어 팀원과 공유하고 업데이트할 수 있습니다. 기존에서 엑셀로 관리하던 불편함을 List로 전환하여 많은 직장인이 환호하고 있습니다. 특히 Power Automate와 연계하면 조건에 따라 알림을 보내거나 결재 승인 시스템으로 활용할 수 있습니다.

❺ Planner : 팀을 위한 공동 작업 관리 도구입니다. 칸반 보드 형태로 구성되어 누구나 쉽게 업무 진행 사항을 업데이트하고 파일, 체크리스트 등을 등록할 수 있습니다. Power Automate를 이용하여 Planner 진행 사항을 Teams로 공유하거나, Forms 신청 내용을 Planner로 등록하는 등 다양한 업무를 자동화할 수 있습니다.

위의 Microsoft 365 서비스는 Power Automate 커넥터를 제공하므로 자동화할 작업이 있다면 Power Automate에서 바로 흐름을 만들어 여러분의 업무에 바로 적용 가능합니다.

MEMO

파일 업무 자동화

Chapter 02에서는 Power Automate 앱에서 버튼을 누르면 사전에 작성된 이메일이 자동으로 보내지는 클라우드 흐름을 만들고 수정, 테스트하는 방법을 살펴봤습니다. Chapter 03에서는 파일 관련하여 반복하여 자주 하는 업무(백업, 포맷 변환, 알람 등)를 자동화하는 방법에 대해서 알아보겠습니다.

여러분은 문서를 어디에 저장하나요? 노트북 로컬디스크? 또는 OneDrive나 Google Drive같은 클라우드 저장소? 저는 Microsoft 365 사용자라서 대부분의 문서나 파일을 OneDrive에 저장합니다. OneDrive(또는 비즈니스용 OneDrive)에 저장하면 스마트폰이나 태블릿에서 언제나 확인할 수 있어 편리하고 다른 사람에게 공유하기 쉽습니다.

하지만 개인 자료는 Google Drive를 사용하다 보니 때때로 OneDrive 자료를 Google Drive로 백업할 때가 발생합니다. 그런데 OneDrive에 있는 개인 자료를 Google Drive로 백업하는 것이 매우 귀찮은 일입니다. OneDrive에서 파일을 PC로 다운받아 다시 Google Drive로 업로드해야 되거든요. 귀찮다 보니 백업하지 않게 되고, 그러다 보면 막상 Google Drive에 자료가 없어서 곤란한 일이 발생합니다.

백업은 주기적으로 진행하거나 파일이 생겼을 때 바로 해줘야 합니다. 이렇게 귀찮은 백업 작업은 Power Automate 클라우드 흐름으로 간단히 만들 수 있습니다. 이번 실습은 OneDrive 특정 폴더에 파일이 추가되면 바로 Google Drive의 특정 폴더로 바로 저장되는 자동화 작업입니다.

01. Power Automate 홈페이지(https://make.powerautomate.com)에서 로그인한 후 왼쪽 메뉴의 [만들기]를 클릭합니다.

02. [시작(처음부터)] 〉 [자동화된 클라우드 흐름]을 클릭합니다. OneDrive에 파일이 생기면 자동으로 Google Drive에 동일한 파일이 만들어지는 흐름이므로 자동화된 클라우드 흐름을 선택합니다.

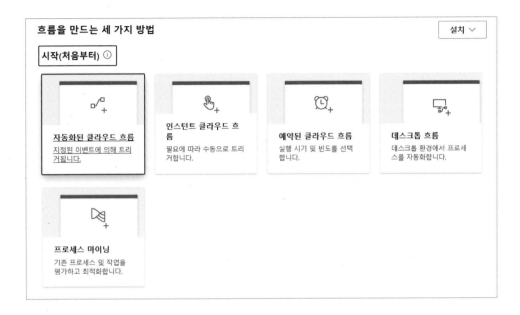

03. [자동화된 클라우드 흐름 빌드] 창에서

① 흐름 이름 : '02 OneDrive Google Drive 백업' 입력
② 흐름 트리거 선택 : [파일이 만들어진 경우 OneDrive for Business] 선택 후 [만들기] 클릭

04. 화면이 전환되면서 가운데에 [파일이 만들어진 경우] 트리거가 나타납니다. 오른쪽 상단의 [새 디자이너]를 해제하면 흐름 작성 페이지가 기존 작업 환경으로 변경됩니다.

05. 이번 실습에서는 OneDrive Backup 폴더에 파일이 생기면 흐름이 작동하는 흐름입니다. 특정 폴더의 선택은 [파일 탐색기]( )를 클릭한 후 [Root] 옆 〉를 클릭하여 [Backup] 폴더를 선택합니다 ([Backup] 폴더는 OneDrive에 미리 만들었으며, 폴더 만드는 방법은 82P를 참고하세요).

06. 하단의 [+ 새 단계]를 클릭합니다.

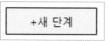

07. Google Drive에 파일을 저장할 것이므로 작업 선택에서 Google Drive를 검색하여 [Goggle Drive] 커넥터를 클릭합니다.

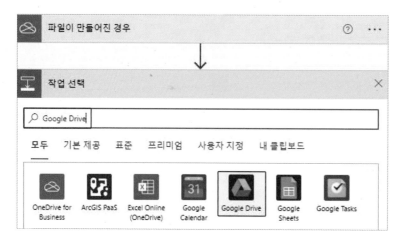

08. Google Drive 동작 중 [파일 만들기]를 클릭합니다.

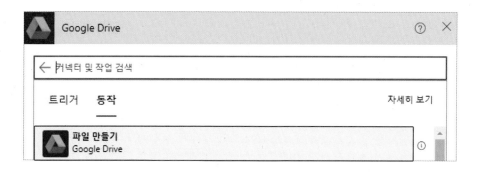

09. Google Drive에 처음 연결하려면 로그인을 먼저 해야 합니다. [로그인]을 클릭합니다.

10. Google 계정 로그인 팝업 창이 나타납니다. 여러분의 Google 계정을 입력하고 [다음]을 클릭합니다.

11. 비밀번호 입력 창이 나타나면, 비밀번호를 입력하고 [다음]을 클릭합니다.

12. Microsoft Power Platform의 Google 계정 액세스 허용을 물어보는 창으로 전환되면, [허용]을 클릭합니다.

13. 로그인이 정상적으로 완료되면, [파일 만들기] 동작이 나타납니다. 필수 항목으로 폴더 경로, 파일 이름, 파일 콘텐츠를 지정해야 합니다. 폴더 경로부터 차례대로 설정해 봅시다. 오른쪽 [파일 탐색기](⬜)를 클릭하면 Google Drive가 나타납니다. Google Drive를 선택하면 Google Drive 기본 폴더에 파일이 저장되고 하부 폴더를 지정하고 싶으면 Google Drive 옆 [>]를 클릭하면 됩니다. 본 실습에는 사전에 Google Drive에 'OneDrive'라는 폴더를 만들어 놨습니다. [>]를 클릭하여 [OneDrive] 폴더를 선택합니다.

14. [파일 이름]은 [동적 콘텐츠 추가]를 이용하여 [파일 이름]을 선택하고, [파일 콘텐츠]도 동일하게 [동적 콘텐츠 추가]를 이용하여 [파일 콘텐츠]를 추가합니다.

15. 이제 흐름 만들기는 끝났습니다. 하단의 [저장]을 클릭하면 그림과 같이 화면이 변경됩니다.

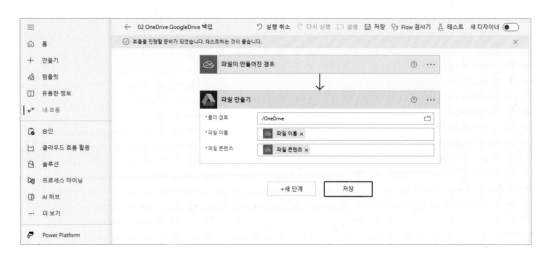

이제 여러분이 Google Drive에 백업하고 싶은 파일은 OneDrive의 [Backup] 폴더에 파일을 복사해 놓으면 자동으로 Google Drive의 [OneDrive] 폴더에 파일이 저장됩니다. 다만 주의할 점은 OneDrive에 파일을 만들고 바로 실시간 백업이 되지는 않습니다. 대략 2~3분 정도 시간 후에 Google Drive로 백업되니 참고하기 바랍니다.

✔TIP 트리거나 동작에 대한 상세 내용에 대해 알고 싶은 분은 제목의 ⑦를 클릭하면 오른쪽에 [도움말] 창이 나타나고 매뉴얼과 관련된 문서가 표시됩니다.

Section
02 선택한 파일 포맷 변환하기

여러분은 PDF 문서를 어떻게 만드나요? PDF 문서는 Acrobat에서 만든 문서 포맷으로 상대방에게 문서 자료를 전달할 때 주로 사용합니다. MS Office 프로그램에서 작성한 Word 문서를 한글 프로그램에서는 읽기 어렵고 역으로 한글 문서도 MS Office 프로그램에서 읽기 어렵습니다.

PDF는 문서 포맷이 깨지지 않고 원형 그대로 유지되어서 상대방에게 전달할 때 많이 활용되고 있습니다. 요즘 회사나 관공서에 문서를 제출할 때도 원본 문서와 더불어 PDF를 같이 보내 달라고 요청하는 경우도 종종 있습니다. 그런데 Word나 PPT 문서에서 PDF를 만들려면 MS Office 프로그램을 다시 한번 실행하여 매번 PDF로 다시 저장해야 합니다. 단순하지만 번거로운 이런 업무도 Power Automate로 클라우드 흐름을 만들어 놓으면 클릭 한 번으로 간단히 해결할 수 있습니다. 이번 실습은 OneDrive에 저장된 Word 파일을 클릭 한 번으로 PDF로 전환하는 방법을 살펴봅시다.

01. Power Automate 홈페이지(https://make.powerautomate.com)에 로그인한 후 왼쪽 메뉴의 [만들기]를 클릭합니다.

02. [시작(처음부터)] 〉 [인스턴트 클라우드 흐름]을 클릭합니다. 특정 파일을 선택하여 흐름이 시작되는 경우에는 인스턴트 클라우드 흐름을 선택하면 됩니다.

03. [인스턴트 클라우드 흐름 작성] 창에서

① 흐름 이름 : '03 PDF 만들기' 입력
② 흐름 트리거 선택 : [선택한 파일의 경우 비즈니스용 OneDrive] 선택 후 [만들기] 클릭

04. 화면이 전환되면서 가운데에 선택한 파일의 경우 트리거가 나타납니다. 오른쪽 상단의 [새 디자이너]를 해제하면 흐름 작성 페이지가 기존 작업 환경으로 변경됩니다.

05. 하단의 [+ 새 단계]를 클릭하면 [작업 선택] 창이 나타납니다. 다음 작업은 PDF 파일을 만드는 작업을 하고 싶습니다. 파일을 만드는 작업은 [OneDrive for Business] 커넥터를 통해서 할 수 있습니다. 검색 창에서 'OneDrive'를 입력하여 [OneDrive for Business]를 클릭합니다(Microsoft 365 사용자는 OneDrive for Business를 선택해 주세요).

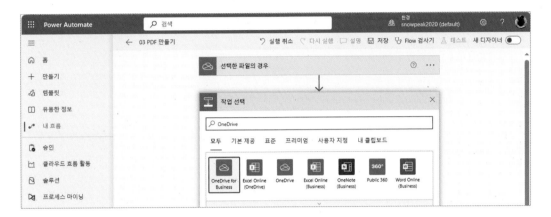

✅ TIP **OneDrive? OneDrive for Business? 무엇을 선택해야 하나요?**

Microsoft에서는 개인 클라우드 저장 공간으로 OneDrive와 OneDrive for Business를 제공합니다. 회사나 학교에서 제공하는 Microsoft 365 사용자라면 OneDrive for Business를 선택하면 되고 Microsoft 개인 계정(Microsoft Account) 구독자라면 OneDrive를 선택하면 됩니다. 본 교재는 Microsoft 365 기반으로 설명하므로 OneDrive for Business를 선택하면 됩니다. 이와 유사하게 Excel Online(Business)와 Excel Online(OneDrive)가 있는데 위와 동일하게 Excel Online(Business)를 선택하면 됩니다.

06. OneDrive for Business 동작 중 [파일 만들기]를 선택합니다.

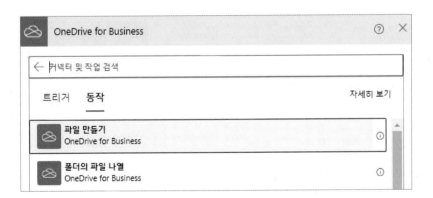

07. 파일 만들기 동작이 나타납니다. [폴더 경로, 파일 이름, 파일 콘텐츠] 3가지 항목이 필수 항목입니다. 하나씩 설정해 봅시다. [폴더 경로]는 PDF가 만들어질 폴더를 의미합니다. [파일 탐색기]([🗀])를 클릭하여 OneDrive 내 [PDF] 폴더를 선택합니다(OneDrive 접속 방법과 폴더 만드는 방법은 82p를 참고하세요).

✓TIP **Root 폴더는 무엇인가요?**
OneDrive에서 제공하는 가장 기본이 되는 폴더입니다. 여러분이 PC에서 C 드라이브라고 생각하면 됩니다. 필요에 따라 폴더를 만들어도 됩니다.

08. [파일 이름]은 [동적 콘텐츠 추가]를 클릭해서 추가하려고 했으나 동적 콘텐츠에서 파일 이름이 없습니다. 이렇게 동적 콘텐츠를 갖고 오지 못하는 경우에는 다른 작업을 추가하여 동적 콘텐츠를 갖고 오도록 수정해야 합니다. 파일 만들기 작업 앞에 새로운 작업을 추가하는 방법을 살펴봅시다. 트리거와 동작 사이에 마우스 포인터를 올리면 그림과 같이 [새 단계 삽입]이 나타납니다.

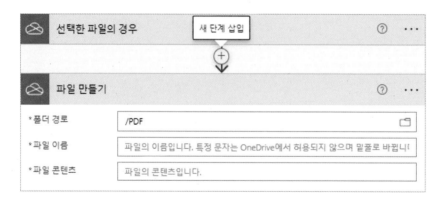

09. [새 단계 삽입]을 클릭하면 '작업 추가' 또는 '병렬 분기 추가'를 선택할 수 있습니다. [작업 추가]를 클릭합니다.

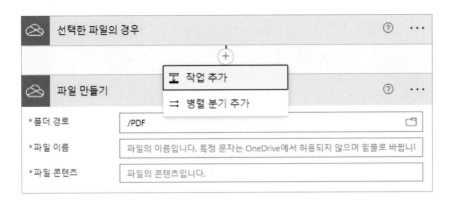

10. 작업 선택에서 [OneDrive for Business]의 [동작] 〉 [파일 변환(미리 보기)]를 클릭합니다.

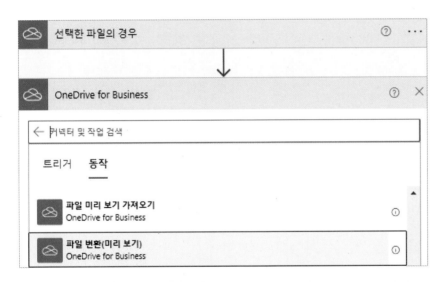

✔TIP '미리 보기'란 무엇인가요?

'미리 보기'란 고객에게 제공은 하지만 개발이 완료된 기능이 아닌 것으로 일부 성능과 기능상에 제약이 있을 수 있습니다. 완벽히 작동되지 않을 수 있다는 점 유의하세요. 미리 보기란 용어는 때때로 프리뷰(Preview)라고 나타나기도 합니다.

11. 파일 변환(프리뷰) 동작이 PDF로 파일을 변환하는 작업입니다. 첫 번째 [파일]에 파일의 고유 ID를 추가하라고 되어 있군요. [동적 콘텐츠 추가]를 클릭해서 고유 ID 관련된 항목을 찾아봅시다. 아래의 그림과 같이 없습니다. 다시 한번 트리거와 파일 변환(프리뷰) 동작 사이에 작업을 추가해서 고유 ID 값을 갖고 오는 동작을 추가해야 합니다.

12. 다시 한번 작업 추가를 해서 [OneDrive for Business] 커넥터의 [경로를 사용하여 파일 메타데이터 가져오기] 동작을 선택합니다. 이 동작을 사용하면 고유 ID 값을 가져올 수 있습니다.

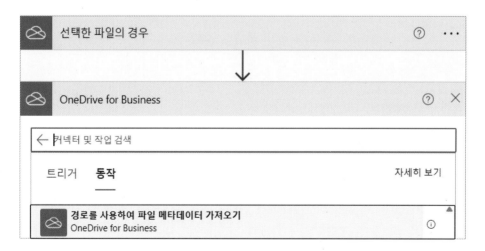

13. [경로를 사용하여 메타데이터 가져오기] 동작에서는 파일 경로를 채워야 합니다. [동적 콘텐츠 추가]를 확인해 보니 다행스럽게 파일 경로(filePath)에 대한 값이 있습니다. 클릭하여 채워줍니다.

14. 이제 다시 [파일 변환 동작(프리뷰)] 동작을 살펴봅시다. 이전에는 [파일]의 고유 ID를 구할 방법이 없었는데, 이제는 [경로를 사용하여 메타데이터 가져오기] 〉 [ID]가 고유 ID를 의미합니다. [ID]를 클릭합니다.

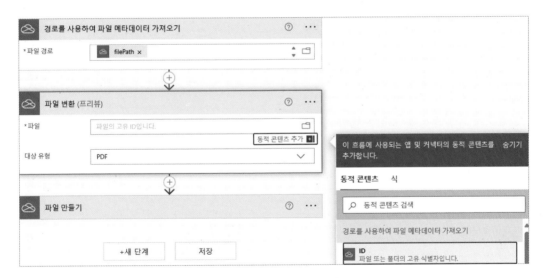

15. [파일 만들기] 동작에 나머지 항목도 추가해 봅시다. [파일 이름]과 [파일 콘텐츠] 모두 [동적 콘텐츠 추가]를 클릭하면 파일 변환(프리뷰)에서 얻은 값을 보여줍니다. 해당 항목을 클릭해서 추가합니다.

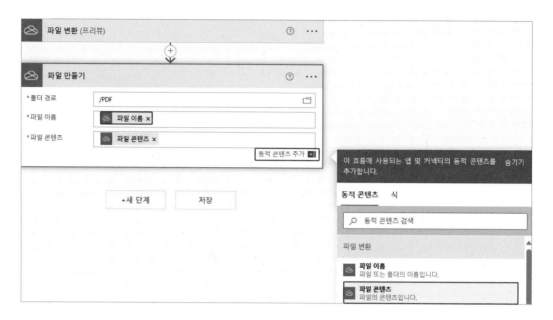

16. 이제 흐름이 완성되었습니다. 이제 저장하고 실제 테스트를 해 봅시다.

17. OneDrive 홈페이지로 접속합니다. 워드 파일을 PDF로 전환하는 방법을 살펴봅시다. OneDrive 에서 워드 파일을 선택하고 상단의 ⋯를 클릭하면 추가 메뉴를 확인할 수 있습니다. [자동화]를 클릭 하면 방금 만든 '03 PDF 만들기' 흐름이 보입니다. 해당 흐름을 클릭합니다.

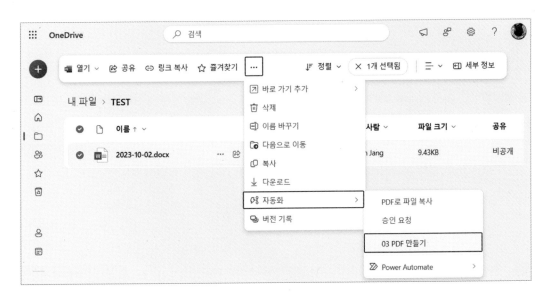

18. 웹 브라우저 옆에 [흐름 실행] 창이 나타나면 [흐름 실행]을 클릭합니다.

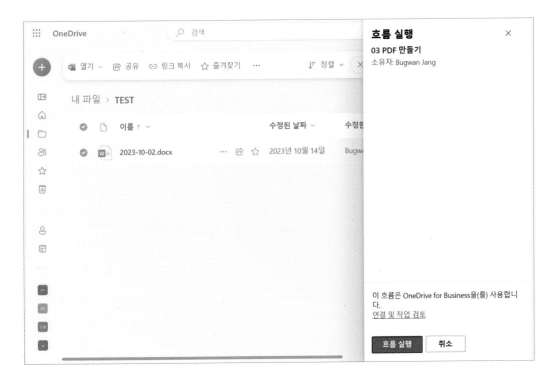

OneDrive의 PDF 폴더에 2023-10-02.pdf 파일이 생성되었는지 확인해 보세요. 이제 여러분은 OneDrive의 파일을 클릭 한 번으로 PDF로 변환할 수 있게 되었습니다.

Section 03 일괄 파일 포맷 변환하기

이전 Section에서는 OneDrive의 파일 하나를 선택해서 PDF로 변환하는 흐름을 만들어봤습니다. 파일을 하나씩 선택해서 PDF로 변환할 수도 있지만 변환해야 할 파일이 10개가 넘는다면 이것도 쉬운 일이 아니죠. 필자가 제안서 작성 작업을 했을 때, 여러 개의 PPT 파일을 한 번에 PDF로 만들어야 했는데, 반복 작업을 하느라 상당한 시간이 소요됩니다. 이 방법을 알았으면 시간을 많이 단축했겠죠? 이번 실습은 OneDrive 특정 폴더에 파일을 넣으면 바로 다른 폴더에 PDF 파일이 생성되는 흐름을 만들어봅시다.

01. Power Automate 홈페이지(https://make.powerautomate.com)에 로그인한 후 왼쪽 메뉴의 [만들기]를 클릭합니다.

02. [시작(처음부터)] 〉 [자동화된 클라우드 흐름]을 클릭합니다. 특정 폴더에 파일이 생성되면 자동으로 PDF 파일이 생성되므로 자동화된 클라우드 흐름을 선택하면 됩니다.

03. [자동화된 클라우드 흐름 빌드] 창에서

① 흐름 이름 : '04 일괄 PDF 만들기' 입력

② 흐름 트리거 선택 : [파일이 만들어진 경우 OneDrive for Business] 선택 후 [만들기] 클릭

04. 화면이 전환되면서 가운데에 [파일이 만들어진 경우] 트리거가 나타납니다. 오른쪽 상단의 [새 디자이너]를 해제하여 흐름 작성 페이지가 기존 작업 환경으로 변경됩니다.

05. 우리는 OneDrive의 특정 폴더에 파일이 만들어지면 흐름이 실행되도록 트리거를 설정하고자 합니다. 이번 실습에서는 [제안서] 폴더에 파일이 생기면 흐름이 작동되도록 하고 싶습니다. 특정 폴더의 선택은 [파일 탐색기]( )를 클릭한 후 [Root] 옆의 $\rangle$ 를 클릭하고 [제안서] 폴더를 선택합니다([제안서] 폴더는 OneDrive에 미리 만들었으며, 폴더 만드는 방법은 82P를 참고하세요).

06. 하단의 [+ 새 단계]를 클릭하면 [작업 선택] 창이 나타납니다. 다음 작업은 PDF 파일을 만드는 작업을 선택하고 싶습니다. [표준] 〉 [OneDrive for Business]를 선택합니다.

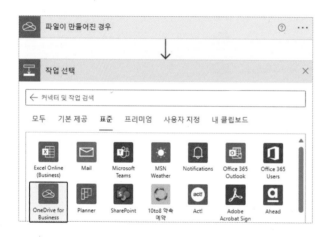

07. 앞에서 PDF 파일을 만들기 위해 3가지 동작이 있었다는 점 기억하나요? 우선 경로를 사용하여 '파일 메타데이터 가져오기 〉 파일 변환(프리뷰) 〉 파일 만들기 동작' 순서였습니다. 이번에는 앞서 단계별로 순서대로 설정해 보겠습니다. OneDrive 동작 중 [경로를 사용하여 파일 메타데이터 가져오기]를 선택합니다.

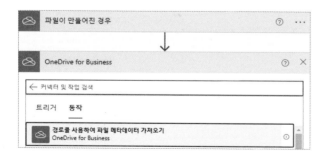

08. [경로를 사용하여 파일 메타데이터 가져오기] 동작에서는 [파일 경로]를 채워야 합니다. [동적 콘텐츠 추가]를 이용하여 [파일이 만들어진 경우] 〉 [파일 경로]를 선택합니다.

09. 하단의 [+ 새 단계]를 클릭하여 다음 동작 [OneDrive for Business] 〉 [파일 변환(프리뷰)]를 클릭하고, [파일]에서 [동적 콘텐츠 추가]를 클릭한 후 [ID]를 선택합니다. [대상 유형]은 [PDF]를 선택합니다.

10. 하단의 [+ 새 단계]를 클릭하여 다음 동작 [OneDrive for Business] 〉 [파일 만들기]를 클릭합니다. [파일 만들기] 동작에서는 '폴더 경로, 파일 이름, 파일 콘텐츠'를 설정해야 합니다.

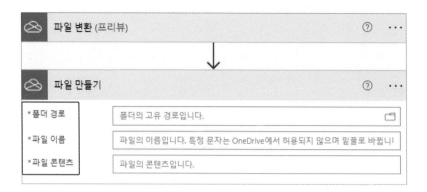

11. [폴더 경로]는 PDF가 만들어질 폴더를 의미합니다. [파일 탐색기]( )를 클릭하여 OneDrive의 [PDF] 폴더를 선택합니다.

12. [파일 만들기] 동작에 나머지 항목 – '파일 이름'과 '파일 콘텐츠' 모두 [동적 콘텐츠 추가]를 이용하여 [파일 변환] 〉 [파일 이름], [파일 콘텐츠]를 각각 설정합니다.

13. 모든 설정이 완료되었습니다. Section 02에서 작성했던 흐름과 비교해 보면 트리거가 '선택한 파일의 경우'에서 '파일이 만들어진 경우'로 바뀌었고 나머지 동작은 동일합니다. 이렇게 PDF 파일을 만드는 동작만 이해한다면 여러분은 트리거 조건에 따라 그대로 재활용할 수 있습니다.

✓ TIP [제안서] 폴더에 파일을 이동해 놓으면 [PDF] 폴더에 해당 파일이 PDF 포맷으로 변환되어서 파일이 자동으로 만들어집니다. PDF 파일을 만들 일이 잦다면 이렇게 두 개의 폴더만 만들어 놓으면 파일 이동으로 간단하게 PDF 파일을 만들 수 있습니다.

04 알림 보내기

회사에 Microsoft 365가 도입되면서 좋아진 점은 OneDrive라는 클라우드 저장소를 활용하여 대용량 파일 공유가 편리해졌다는 것입니다. 예전에는 대용량 파일을 이메일로 전달하는 경우, 파일을 분할 압축으로 나누어서 전달하거나, 별도의 웹하드 공유 시스템을 사용하곤 했습니다. 하지만 Microsoft 365가 도입되고 나서는 OneDrive에 대용량 파일을 올려놓고 이메일로 링크 공유하면 대용량 파일 공유가 간단히 해결됩니다.

대용량 파일을 받을 때도 동일하게 편리한데, 거래처에 폴더 접근 권한을 부여해 주면, 거래처에서 직접 파일을 업로드하면 끝입니다. 하지만 때때로 파일을 업로드하고 저에게 알려주지 않아서 업무가 지연되기도 하는데, OneDrive 폴더에 파일이 업로드되면 스마트폰으로 알림 메시지가 오면 어떨까요? 이번 실습은 OneDrive의 특정 폴더에 파일이 생기면 제 스마트폰으로 알림이 오는 클라우드 흐름을 만들어 봅시다. 또한 템플릿을 활용하는 방법에 대해 살펴봅시다.

01. Power Automate 홈페이지(https://make.power automate.com)에 로그인 후 왼쪽 메뉴의 [템플릿]을 클릭합니다.

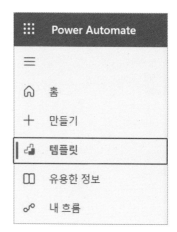

✔TIP 템플릿은 Microsoft가 만들어서 제공하는 것이기에 흐름이 잘 작동합니다. 또한 여러분이 직접 만드는 것보다 시간을 절약할 수 있으므로 만들기 전 템플릿에서 먼저 검색하고 유사한 흐름이 있다면 수정해서 활용하는 것이 좋습니다.

02. [템플릿 검색] 창에서 '비즈니스용 OneDrive'를 검색하면 비즈니스용 OneDrive와 관련된 여러 템플릿을 확인할 수 있습니다. 우리가 찾는 것과 유사한 [비즈니스용 OneDrive에 새 파일이 추가될 때마다 푸시 알림을 받습니다]라는 템플릿을 클릭합니다.

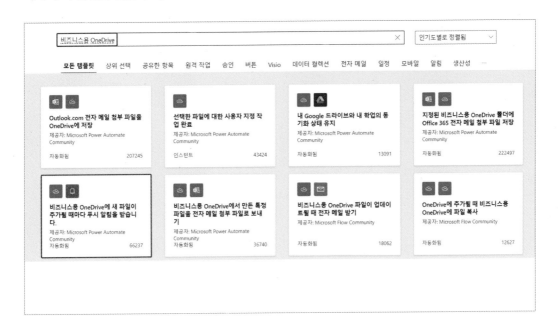

03. 페이지가 변경되면서 템플릿에 대한 안내 화면이 나오고 관련된 커넥터에 대해 정상적으로 사용할 수 있는지 표시됩니다. 흐름이 연결되는 대상에 [OneDrive for Business]와 [Notification]에 ⊘ 녹색이 체크되어 있는지 확인해 주세요. 만약 녹색이 아니라면 [계정 전환](⋯)을 클릭해서 다시 한번 로그인한 후 [계속]을 클릭합니다.

> ✔ TIP 알림이 정상적으로 오는지 확인하기 위해서는 여러분의 스마트폰에 Power Automate 앱을 설치해야 합니다. Power Automate 앱의 설치 방법은 Chapter '02. Power Automate 시작하기'를 참고해 주세요.

04. 웹 페이지가 바뀌면서 트리거와 동작이 모두 작성된 것을 확인할 수 있습니다. 보는 것과 같이 템플릿을 사용하면 트리거와 동작이 사전에 작성되어 있습니다. 이제 여러분은 필요한 부분만 추가 작성하면 됩니다.

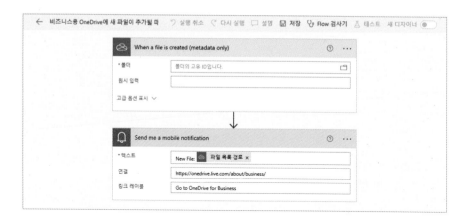

05. 우선 트리거에서 [폴더]를 설정합니다. 이번 흐름은 특정 폴더에 파일이 생기면 알림이 뜨게 하는 거였습니다. 저는 사전에 OneDrive에 [파트너스] 폴더를 만들었기에 [파일 탐색기]( )를 클릭하여 [파트너스] 폴더를 선택합니다(여러분은 알림을 받고 싶은 폴더를 선택해 주세요).

06. 이제 모든 설정이 끝났습니다. 템플릿을 사용하는 경우, 설정은 간단히 끝납니다.

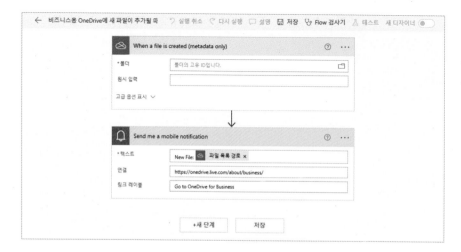

07. 이제 흐름을 저장한 후 실제 PC에 있는 파일을 OneDrive의 [파트너스] 폴더로 업로드해 봅시다. 바탕 화면의 '2024-01-27.docx' 파일을 드래그하여 OneDrive 홈페이지의 [파트너스] 폴더로 옮기면 파일이 자동으로 OneDrive 해당 폴더로 업로드됩니다(각자 컴퓨터의 적당한 파일을 이용합니다).

08. 스마트폰에 그림과 같이 알림이 나타나서 파일이 업로드되었다는 것을 알 수 있습니다. 그런데 알림 메시지로는 무슨 파일인지 알아볼 수 없네요. 흐름을 다시 살펴보니 템플릿은 파일 목록 경로를 보여준다고 되어 있네요. 이것을 수정해 봅시다.

09. 왼쪽 메뉴의 [내 흐름]을 클릭한 후 방금 작성한 클라우드 흐름의 [편집]을 클릭합니다.

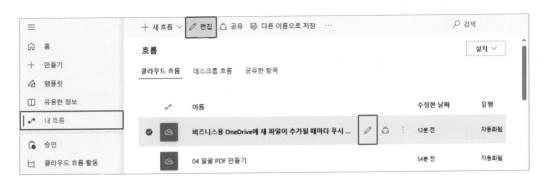

10. 우선 상단의 흐름 제목을 클릭하여 '05 OneDrive 파일 첨부 알림'으로 수정합니다.

11. [Send me a mobile notification] 동작의 [텍스트]에 있는 [x]를 클릭하여 삭제하고 [동적 콘텐츠 추가]를 이용하여 [파일 목록 표시 이름]을 선택합니다.

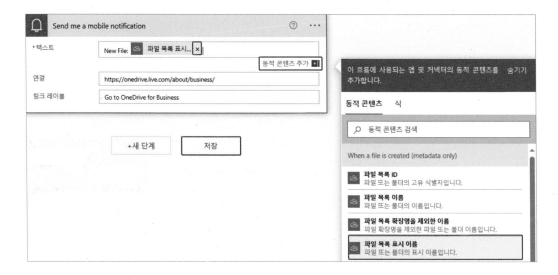

12. 이제 상단의 [저장]을 클릭하고 오른쪽 [테스트]를 클릭합니다.

13. 흐름 테스트에서 [자동] 〉 [최근에 사용한 트리거로 바꿉니다.] 〉 [성공]을 체크하고 [테스트]를 클릭합니다. 흐름 테스트는 [수동]과 [자동]을 선택할 수 있는데, [수동]은 흐름을 새로 시작하는 경우 선택하고 [자동]은 기존의 흐름을 다시 한번 작동할 때 선택합니다.

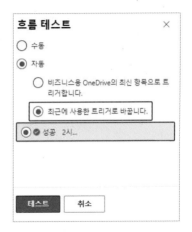

14. 이제 스마트폰의 알림이 어떻게 오는지 살펴봅시다. 이제 깔끔하게 파일명만 표시되는군요.

이제 제 OneDrive에 새로운 파일이 업로드되면 바로 나에게 알림이 날라오게 됩니다. 이렇게 Power Automate는 다양한 알림을 사용할 수 있습니다.

┃ 파일 자동화 작업 확장하기

Power Automate를 활용하여 파일 관련된 업무 자동화 흐름을 만들어봤습니다. 파일 관련된 대표적인 자동화 흐름은 아래와 같습니다.

- 파일 백업 : Power Automate를 사용하여 파일의 백업을 자동화할 수 있습니다. 특정 폴더에 새로운 파일이 추가되거나 수정될 때마다 해당 파일을 자동으로 다른 위치에 백업하는 작업을 설정할 수 있습니다. 이를 통해 파일 손실로 인한 문제를 예방하고 데이터를 안전하게 보호할 수 있습니다.

- 파일 포맷 변환 : Power Automate를 활용하여 파일의 포맷 변환 작업을 자동화할 수 있습니다. 예를 들어, 특정 폴더에 있는 파일들을 모두 PDF 형식으로 변환하는 작업을 자동으로 수행할 수 있습니다. 이를 통해 파일을 효율적으로 관리하고 다양한 용도로 활용할 수 있습니다.

- 파일 알림 : Power Automate를 사용하여 특정 이벤트가 발생했을 때 파일 관련 알림을 자동으로 받을 수 있습니다. 예를 들어, 특정 폴더에 새로운 파일이 추가되면 해당 파일의 정보를 이메일로 받는 작업을 설정할 수 있습니다. 이를 통해 파일 업무에 대한 실시간 정보를 받아들이고 빠르게 대응할 수 있습니다.

위의 방안들은 파일 업무 자동화를 위해 Power Automate를 활용할 수 있는 예시입니다. 이를 통해 파일 관리와 작업의 효율성을 향상시킬 수 있으며, 인력을 절약하고 오류를 줄일 수 있습니다. Power Automate의 유연성과 다양한 기능을 활용하여 회사의 파일 업무를 자동화해 보세요.

OneDrive에서 파일 폴더 만들기

❶ OneDrive에 접속해서 워드 파일을 만들어 보겠습니다. OneDrive 홈페이지로 접속한 후 [로그인]을 클릭합니다.

✔ TIP 'https://www.microsoft.com/ko-kr/microsoft-365/onedrive/online-cloud-storage', 또는 구글 검색에서 'OneDrive'로 검색하세요.

❷ [로그인] 창이 나타나면, Microsoft 365 계정으로 로그인하고 [다음]을 클릭합니다.

❸ 암호를 입력하고 [로그인]을 클릭합니다.

❹ 로그인 상태 유지 문의 창에서 [예]를 클릭합니다.

❺ 정상적으로 로그인하면 그림과 같이 OneDrive 홈페이지가 나타납니다. 왼쪽 메뉴의 [내 파일]을 클릭하면 OneDrive가 폴더별로 나타납니다. 왼쪽 메뉴의 ⊕를 클릭하고 [Word 문서]를 클릭합니다.

❻ 상단의 [문서] 클릭하여 [파일 이름]에 '2023-10-20'이라고 입력하면 2023-10-20.docx 워드 파일이 생성됩니다. 폴더의 경우에도 동일하게 폴더를 클릭하여 생성하면 됩니다.

이메일 업무 자동화

앞선 Chapter에서는 Power Automate를 활용한 파일의 백업, 변환, 알림을 자동화하는 방법에 대해 살펴봤습니다. 이제 본격적으로 회사에서 가장 많이 사용하는 이메일 관련된 업무들을 어떻게 Power Automate에서 활용하여 자동화할 수 있는지 알아보겠습니다.

Section 01 이메일 첨부 파일 자동 저장하기

대부분의 직장인은 고객사와 업무를 진행할 때 이메일을 사용합니다. 특히 이메일은 보낸 사람과 받는 사람이 명확하고, 이메일을 주고받은 시간이 기록으로 남아 있기 때문에 업무 소통 근거로 활용되기에 회사에서는 중요한 자료를 전달할 때 주로 사용합니다.

이렇게 고객으로부터 받은 문서 파일은 보통 별도 폴더를 만들어서 저장하는데, 이 작업이 단순하지만, 굉장히 귀찮은 작업입니다. 특히 회사에서 Microsoft 365가 도입되면서 첨부 파일을 Microsoft 365 클라우드 공간(OneDrive, SharePoint Online)에 저장하게 되었는데 역시 OneDrive나 SharePoint Online에 업로드하는 것이 무척 번거롭습니다.

이번 실습은 Power Automate를 활용해서 이메일로 받은 첨부 파일을 OneDrive에 자동으로 저장하는 클라우드 흐름을 만들어 봅시다.

01. Power Automate 홈페이지(https://make.powerautomate.com)에 로그인 후 왼쪽 메뉴의 [만들기]를 클릭하고 [시작(처음부터)] 〉 [자동화된 클라우드 흐름]을 클릭합니다.

02. [자동화된 클라우드 흐름 빌드] 창이 나타나고,

① 흐름 이름 : '06 이메일 첨부 파일 저장' 입력
② 흐름 트리거 선택 : [새 메일이 도착하면(V3) Office 365 Outlook] 선택 후 [만들기] 클릭

✓TIP   트리거 선택 검색 창에 '메일'을 검색하면 트리거를 빨리 찾을 수 있습니다.

03. 화면이 전환되면서 가운데에 [새 메일이 도착하면(V3)] 트리거가 나타납니다. 흐름에서 첫 번째 박스는 항상 트리거입니다. 오른쪽 상단의 [새 디자이너]를 해제하면 흐름 작성 페이지가 기존 작업 환경으로 변경됩니다.

04. 첫 번째 할 일은 트리거의 조건이 있는지 체크하는 것입니다. 현재 트리거는 [Inbox] 폴더 (Outlook의 받은 편지함 폴더)에 이메일이 도착하면 흐름이 시작하게 됩니다. 우리는 모든 이메일을 받았을 때 흐름이 작동하는 것이 아니라 첨부 파일이 있는 경우에만 파일을 저장하는 특정 조건에서만 흐름이 작동했으면 합니다. 이럴 때는 [고급 옵션 표시]를 클릭하고 [첨부 파일 포함]과 [첨부 파일이 있는 항목]만을 클릭하여 '예'로 설정합니다.

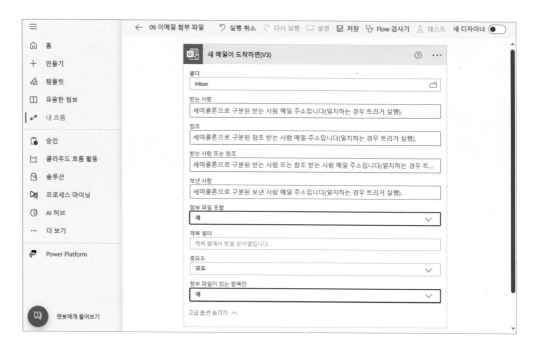

05. 다음 작업은 첨부 파일을 클라우드 저장 공간에 저장하고 싶습니다. 트리거 하단의 [+ 새 단계]를 클릭하여 작업을 추가해 봅시다. 우리는 여러 클라우드 저장 공간 중 비즈니스용 OneDrive에 저장하려고 합니다. 작업 선택에서 [표준] 〉 [OneDrive for Business]를 클릭합니다.

06. 파일이 만들어지는 동작은 [OneDrive for Business] 〉 [파일 만들기]입니다. 해당 동작을 클릭합니다.

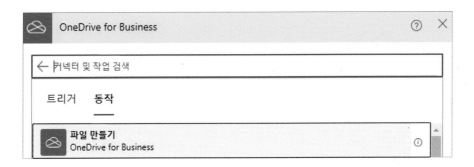

07. [파일 만들기] 동작을 살펴봅시다. 파일이 저장될 '폴더 경로, 파일 이름, 파일 콘텐츠'는 필수적으로 설정해야 합니다.

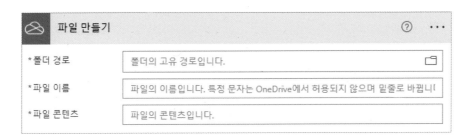

08. [폴더 경로]부터 차례로 설정해 봅시다. 오른쪽 [파일 탐색기](📁)를 클릭하면 Root 옆 〉를 클릭하여 [첨부파일] 폴더를 선택합니다(저는 OneDrive에 [첨부파일] 폴더를 미리 만들었습니다. 여러분은 첨부 파일을 저장할 폴더를 선택해 주세요).

09. [파일 이름]의 [동적 콘텐츠 추가]를 이용하여 [첨부 파일 이름]을 선택합니다.

10. '각각에 적용'이라는 박스가 나타나고 [파일 만들기] 동작은 박스 안에 위치하게 됩니다.

✔ TIP **'각각에 적용'이 무엇인가요?**

각각에 적용은 영어 'For Each'의 번역으로 반복 작업을 의미합니다. 만약 이메일에 첨부 파일이 여러 개라면 각 첨부 파일마다 파일 만들기를 수행하게 될 것입니다. 이렇게 반복 작업이 발생할 때 주로 사용하게 됩니다. Power Automate는 이런 반복 작업이 예상되면 자동으로 각각에 적용이 나타나서 개발을 손쉽게 도와줍니다. 각각에 적용은 반복 적용으로 표현될 때도 있습니다.

11. [파일 만들기]를 클릭하여 파일 콘텐츠를 추가해 봅시다. 다시 한번 [동적 콘텐츠 추가]를 이용하여 [첨부 파일 콘텐츠]를 선택합니다.

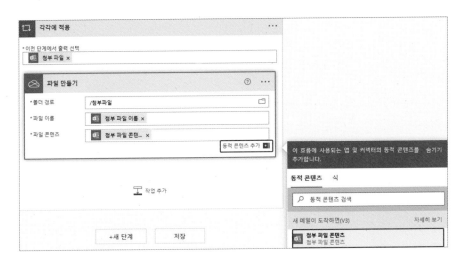

12. 하단의 [저장]을 클릭하면 흐름 작성이 끝났습니다. 전체 흐름은 아래 그림과 같습니다.

이제 첨부 파일이 있는 메일을 여러분의 메일 주소로 발송해 봅시다. 그러면 OneDrive의 [첨부 파일] 폴더에 이메일 첨부 파일이 자동 저장되는 것을 확인할 수 있습니다.

Section 02
고객으로부터 이메일을 받으면 Teams 알림 보내기

요즘은 이메일과 함께 사내 메신저를 통하여 업무 소통을 하는 회사들이 많이 확산하고 있습니다. 메신저는 이메일에 비해 정보와 자료를 주고받기 편하여 많은 임직원이 선호하고 있는 서비스입니다.
Microsoft에서도 Teams라는 메신저 서비스 제공하고 있어 Microsoft 365 서비스를 도입한 회사 중심으로 폭넓게 사용하고 있습니다. 필자도 Outlook과 Teams를 혼용하여 사용하고 있는데, 대외 업무는 Outlook을 통해 이메일을 주고받고 내부 임직원과는 Teams로 빠르게 소통하고 있습니다.
두 개의 업무 소통 도구를 사용하다 보니 가끔 외부로 고객으로부터 받은 긴급 요청 이메일 내용을 놓치는 경우가 발생하는데, 방금 배웠던 Outlook 커넥터를 사용하여 두 개의 서비스를 연동하면 어떨까요? 이번 실습에서는 중요 고객으로부터 이메일이 오면 Teams 알림이 오는 클라우드 흐름을 만들어 봅시다.

01. Power Automate 홈페이지(https://make.powerautomate.com)에 로그인 후 왼쪽 메뉴의 [만들기]를 클릭하고 [시작(처음부터)] 〉 [자동화된 클라우드 흐름]을 클릭합니다.

02. [자동화된 클라우드 흐름 빌드] 창이 나타나고,

① 흐름 이름 : '07 고객 이메일 팀즈 알림' 입력
② 흐름 트리거 선택 : [새 메일이 도착하면(V3) Office 365 Outlook] 선택 후 [만들기] 클릭

03. 화면이 전환되면서 가운데에 [새 메일이 도착하면(V3)] 트리거가 나타납니다. 오른쪽 상단의 [새 디자이너]를 해제하면 흐름 작성 페이지가 기존 작업 환경으로 변경됩니다.

04. 받은 메일의 특정 메일 주소에 대해서만 Teams 알림이 오는 조건이 필요합니다. 이렇게 특정 조건을 만드는 방법을 살펴봅시다. 하단의 [+ 새 단계]를 클릭하고, 작업 선택에서 [기본 제공] 〉 [컨트롤]을 클릭합니다.

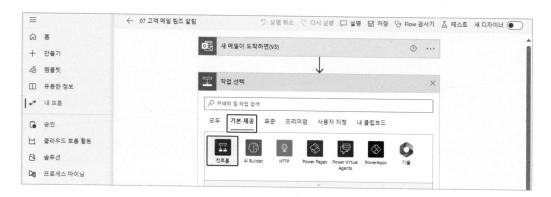

05. [컨트롤]의 여러 동작 중 [조건]을 선택합니다.

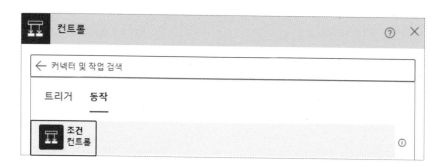

✅ **TIP** 컨트롤에는 '조건, Do until, 반복 적용, 범위, 전환, 종료' 등 다양한 동작이 있습니다. 조건은 [예인 경우]와 [아니요인 경우] 두 가지 경우로만 나뉘지만, 여러 가지 경우라면 어떻게 해야 할까요? 이럴 경우에는 전환 Switch를 사용하면 경우에 따라 다양한 흐름을 만들 수 있습니다.

06. 조건 동작은 두 개의 값을 비교해서 맞으면(true) [예인 경우]로 이동하고 틀리면(false) [아니요인 경우]로 흐름이 작동하게 됩니다. [동적 콘텐츠 추가]를 이용하여 왼쪽 빈칸에 [새 이메일이 도착하면 (V3)]의 [시작]을 클릭해서 추가하고 가운데에는 드롭 다운 메뉴(✉)를 클릭하여 [다음과 같음]을 선택하고 오른쪽에는 특정 이메일을 입력하면 됩니다.

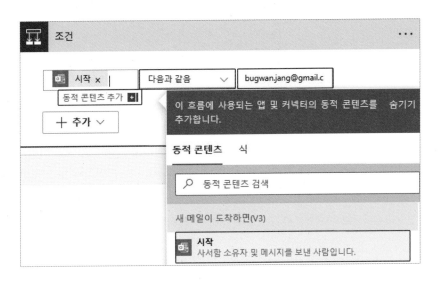

07. 이제 조건에 맞는 경우 Teams 알림을 보내고자 합니다. [예인 경우]에 [작업 추가]를 클릭합니다.

08. 작업 선택에서 [표준] 〉 [Microsoft Teams]를 클릭합니다.

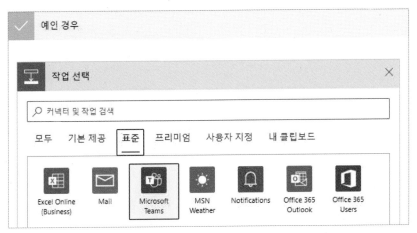

09. [Microsoft Teams]의 [동작] 〉 [채팅 또는 채널에서 메시지 게시]를 클릭합니다.

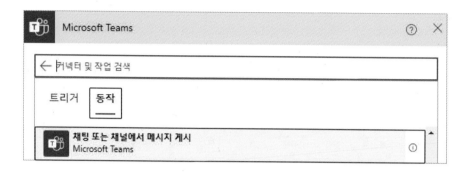

10. [채팅 또는 채널에서 메시지 게시] 동작에는 '다음으로 게시, 게시 위치, Recipient, Message'를 필수 입력해야 합니다. [다음으로 게시]에는 '흐름 봇', [게시 위치]에는 'Chat with Flow bot'을 선택하고 [Recipient]는 채팅 메시지를 받을 사람의 이름 또는 이메일을 입력합니다. 여기에서는 Teams 알림을 내가 받을 것이므로 자기 자신의 이메일(Office 365 이메일)을 입력합니다. [Message]에는 [동적 콘텐츠 추가]를 이용하여 그림과 같이 추가해 주세요.

동적 콘텐츠에서 시작이 보이지 않을 수 있습니다. 이럴 경우에는 동적 콘텐츠 검색 창에 '시작'을
입력하면 동적 콘텐츠 값을 확인할 수 있습니다.

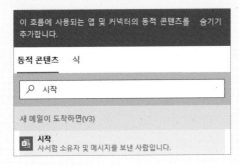

11. 전체 흐름을 살펴봅시다. 새 이메일이 도착하는 트리거가 발생하면 그 중 발신 이메일 주소가 특
정 이메일 주소와 일치하는 경우, Teams 채팅을 보내는 흐름입니다.

12. 이제 중요한 고객이 이메일을 발송하면 Teams 채팅 창에서 바로 이메일이 수신되었다는 것을
확인할 수 있습니다.

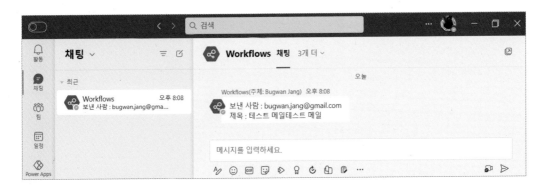

Section 03 반복 이메일 자동화하기

지금까지 이메일 수신과 관련된 업무 자동화를 살펴봤습니다. 이메일 발송하는 업무도 자동화가 가능할까요? 네! 가능합니다. 아마도 직장인이 가장 신경 쓰이는 작업이 이메일 발송하는 작업일 것입니다. 회사에서는 공지, 정보 공유, 미팅 참석 요청 등 다양한 안건의 이메일을 발송합니다. 때로는 동일한 내용의 이메일을 매주 또는 매월 반복해서 보내는 경우가 있는데 상당히 귀찮은 작업입니다. 이번 실습은 매주 월요일 오전 8시에 주간 회의 참석을 안내하는 이메일을 발송하는 작업입니다. Power Automate를 활용하면 여러분은 월요일 아침 이메일 보내는 일에서 해방됩니다.

01. Power Automate 홈페이지(https://make.powerautomate.com)에 로그인한 후 왼쪽 메뉴의 [만들기]를 클릭하고 [시작(처음부터)] > [예약된 클라우드 흐름]을 클릭합니다.

✔TIP 일정 시간에 흐름이 자동으로 시작하게 할 때에는 [예약된 클라우드] 흐름을 사용합니다.

02. [예약된 클라우드 흐름 빌드] 창에서 그림과 같이 설정합니다.

① 흐름 이름 : '08 주간 이메일 일정 발송' 입력

② 시작 : 첫 번째 흐름이 시작할 날짜 - 23.10.23 시간 08:00 AM,

③ 반복 주기 : 1주

④ 요일 선택 : '월' 선택 후 [만들기] 클릭

✓TIP 흐름 시작이 '23년 10월 23일 오전 8시에 시작하고 매주 월요일 반복한다'는 의미입니다.

03. 화면이 전환되면 가운데에 [Recurrence]가 나타납니다. 'Recurrence'는 반복을 의미합니다. 오른쪽 상단의 [새 디자이너]를 해제하면 흐름 작성 페이지가 기존 작업 환경으로 변경됩니다.

04. 이메일을 보내는 작업을 할 것이므로 작업 선택에서 이메일 관련된 커넥터를 선택하면 됩니다. 트리거 하단의 [+ 새 단계]를 클릭하고 작업 선택에서 [표준] 〉 [Office 365 Outlook]을 클릭합니다.

05. [Office 365 Outlook]을 선택하고, 그림과 같이 [동작] 〉 [메일 보내기(V2) Office 365 Outlook]을 클릭합니다.

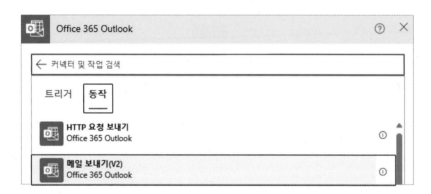

06. [메일 보내기(V2)] 동작에서 '받는 사람, 제목, 본문'을 입력합니다. 받는 사람에 여러분의 팀원 이름 또는 이메일 주소를 입력하면 됩니다.

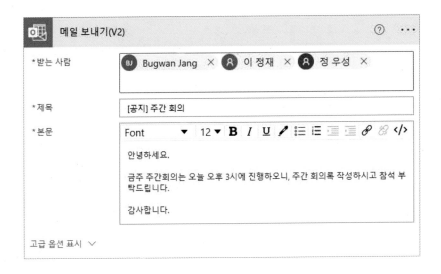

07. 다음은 일정을 만들어서 보내는 작업을 추가해 봅시다. 하단의 [+ 새 단계]를 선택하고 작업 선택에서 [표준] 〉 [Office 365 Outlook]을 클릭합니다.

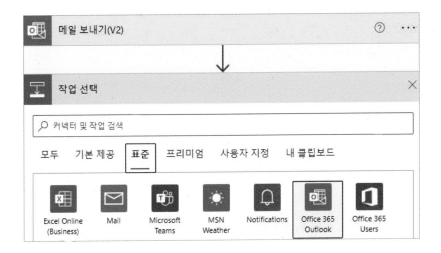

08. [Office 365 Outlook]의 [동작] 〉 [이벤트 만들기(V4) Office 365 Outlook]을 클릭합니다.

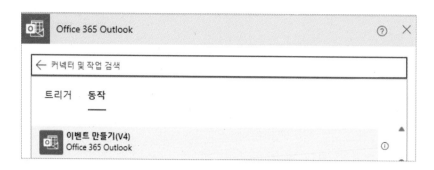

09. [이벤트 만들기(V4)] 동작이 나타납니다. 필수 항목에는 '일정ID, 제목, 시작 시간, 종료 시간, 표준 시간대'인데 우선 [일정 ID]부터 설정합니다. [일정 ID]에 드롭 다운 메뉴(⌄)를 클릭한 후 'Calendar'를 선택합니다. Calendar가 내 Outlook 일정입니다.

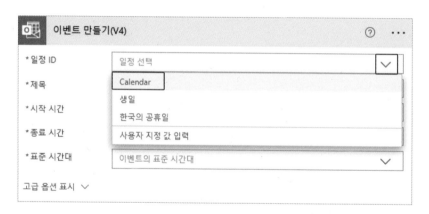

✓ TIP   Power Automate에서 이메일을 보낼 수 있는 최대 용량은 49MB이고, 이메일 보내는 동작은 5분 동안에 최대 500MB 한도 내에서 발송할 수 있습니다. 따라서 너무 많은 이메일을 보내는 경우에는 주의해야 합니다.

10. [제목]에는 '[공지] 주간 회의'라고 입력하고 [시작 시간]은 [동적 콘텐츠 추가]를 이용하여 [식]을 클릭한 후 수식 입력줄에서 아래와 같은 내용을 입력하고 [확인]을 클릭합니다.

```
addHour(utcNow(), 7)
```

✓ TIP　utcNow() 함수는 현재 시간을 나타내는 함수이고 addHour()는 시간을 추가하는 함수입니다. 흐름이 시작하는 것이 아침 8시이고 현재 시간에 7시간을 추가하면 오후 3시이므로 수식에 addHour(utcNow(), 7)이라고 작성하면 됩니다.

종료 시간에도 동일한 방식으로 addHour(utcNow(), 8)이라고 작성합니다. 종료 시간은 시작 시간 이후 1시간 이후로 정했습니다.

11. [표준 시간대]에는 드롭 다운 메뉴(⌄)를 클릭하여 '(UTC+09:00) Seoul'을 선택하고, [고급 옵션 표시]를 클릭한 후 [필수 참석자]에 팀원들을 추가합니다.

12. 모든 흐름 작성이 완료되었습니다. 상단 메뉴에서 [저장]을 클릭합니다.

13. 완성된 흐름은 그림과 같을 것입니다.

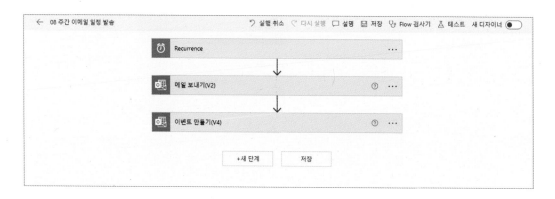

이제 여러분은 매주 월요일 아침마다 자동으로 이메일이 발송되므로 주간 회의 일정 작성을 신경 쓰지 않아도 됩니다.

그럼 실제로 잘 작동하는지 월요일 아침 8시에 메일 발송하는지 기다려야 할까요? 아니요! 바로 테스트에서 수동 테스트를 선택하면 바로 테스트가 가능합니다. 수동 테스트 방법은 Chapter 02에서 설명했으니 참고하세요.

명함을 교환하고 나서 하는 작업이 바로 Outlook에 연락처를 만드는 것입니다. Outlook 연락처에 저장해 놓으면 바로 검색하여 이메일을 보낼 수 있어 편리합니다. 하지만 필자의 경우, 스마트폰에서는 Google 연락처를 사용하기에 번거롭게 한 번 더 반복 작업을 해야 합니다. 이럴 때, Power Automate 를 활용하면 한 번에 Outlook, Google 연락처에 동시 저장할 수 있습니다. 같이 해볼까요?!

01. Power Automate 홈페이지(https://make.powerautomate.com)에 로그인 후 왼쪽 메뉴의 [만들기]를 클릭하고 [시작(처음부터)] 〉 [인스턴트 클라우드 흐름]을 클릭합니다.

✔ TIP **흐름을 만드는 새로운 방법 – 설계를 위해 설명**

2024년에 새로운 흐름 만드는 방법이 추가되었습니다. 지금까지 흐름을 일일이 만들었지만 [설계를 위해 설명]의 경우에는 만들려는 흐름을 텍스트로 작성하면 알아서 흐름을 만들어줍니다. 그리고 원하는 동작도 텍스트로 작성하면 자동으로 추가되는 기능이 속속들이 업데이트되고 있습니다.

02. [인스턴트 클라우드 흐름 빌드] 창이 나타나면 그림과 같이 설정합니다.

① 흐름 이름 : '09 연락처 만들기' 입력
② 이 흐름의 트리거 방법 선택 : [수동으로 흐름 트리거] 선택 후 [만들기] 클릭

03. 화면이 전환되면서 가운데에 [수동으로 흐름 트리거]가 나타납니다. 오른쪽 상단의 [새 디자이너]를 해제하면 흐름 작성 페이지가 기존 작업 환경으로 변경됩니다.

04. 연락처를 만드는 것이므로 성, 이름, 직함, 이메일 등을 입력해야 합니다. 어떻게 해야 할까요? [수동으로 Flow 트리거]는 단순히 버튼뿐만 아니라 흐름에 입력 값을 추가할 수 있습니다. 트리거의 제목을 클릭하면 '+ 입력 추가'가 나타납니다.

05. [+ 입력 추가]를 클릭하면 다양한 사용자 입력 종류가 나타나는데, [텍스트]를 클릭합니다.

06. 입력에 '성'이라고 작성하고 이름을 추가해야 하므로 다시 한번 [+ 입력 추가]를 클릭합니다.

07. 두 번째 사용자 입력 종류도 [텍스트]를 클릭하고 '이름'이라고 입력합니다. 다시 한번 [+ 입력 추가]를 클릭합니다.

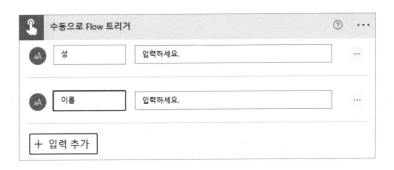

08. 앞선 작업을 반복하여 '직함', '휴대폰번호', '이메일', '회사'까지 추가합니다.

09. 이제 다음은 입력한 값을 Outlook 연락처에 추가하는 작업을 설정해 봅시다. 하단의 [+ 새 단계]를 클릭하고 작업 선택에서 [표준] 〉 [Office 365 Outlook]을 클릭합니다.

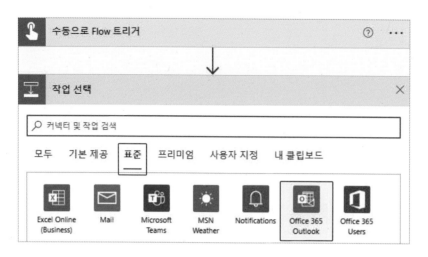

10. [Office 365 Outlook]의 [동작] 〉 [연락처 만들기(V2) Office 365 Outlook]을 클릭합니다.

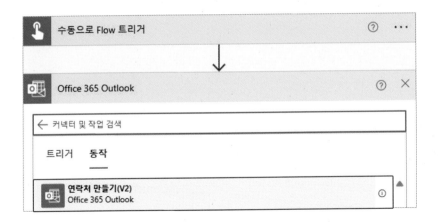

11. [연락처 만들기(V2)] 동작에서는 '폴더ID, 이름, 집 전화번호 항목-1'이 필수 항목입니다. 먼저 필수 항목부터 추가해 봅니다. [폴더 ID]에는 드롭 다운 메뉴(☑)를 클릭하여 '연락처'를 선택하고, [이름]과 [집 전화번호 항목-1]에는 [동적 콘텐츠 추가]를 이용하여 [수동으로 Flow 트리거]의 [사용자 이름]과 [휴대폰번호]를 추가합니다.

12. 나머지 항목도 추가해 봅니다. [표시 이름] 〉 [전자 메일 주소 name – 1], [전자 메일 주소 address]과 [회사 이름]에는 [동적 콘텐츠 추가]를 이용하여 그림과 같이 추가합니다.

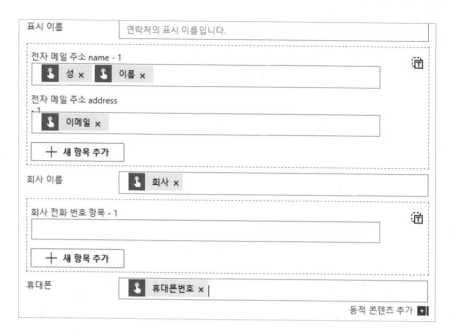

13. [고급 옵션 표시]를 클릭하여 [성]에도 [동적 콘텐츠 추가]를 이용하여 추가합니다.

14. 다음은 Google 주소록에도 연락처를 추가하는 작업을 설정해 봅시다. 하단의 [+ 새 단계]를 클릭하고 작업 선택에서 [표준] 〉 [Google Contacts]를 클릭합니다.

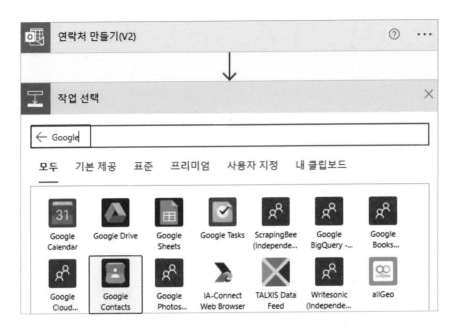

15. [Google Contacts]의 [동작] 〉 [주소록 V3 만들기(미리 보기) Google Contacts]를 클릭합니다.

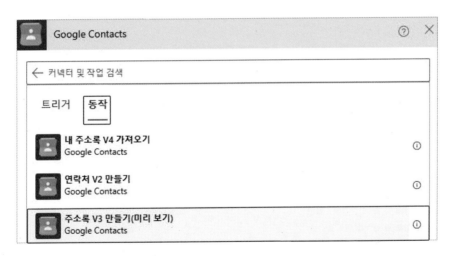

16. [주소록 V3 만들기] 동작에는 이름이 필수 항목입니다. '이름, 업무용 메일 주소, 회사, 휴대폰 번호'에는 [동적 콘텐츠 추가]를 이용하여 그림과 같이 [수동으로 Flow 트리거]에서 얻은 동적 콘텐츠를 추가하여 입력합니다.

✓ TIP [주소록 V3 만들기] 동작을 만들면 Google 계정을 연동하는 팝업 창이 나타납니다.

17. 나머지 직함 항목도 [동적 콘텐츠 추가]를 이용하여 추가하면, 최종 흐름은 아래 그림과 같습니다.

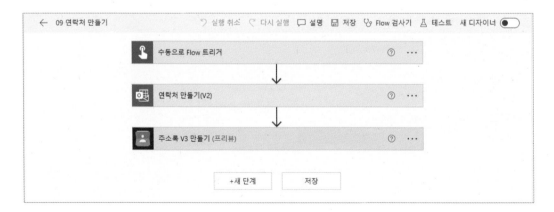

| 이메일 자동화 작업 확장하기

Power Automate를 활용하여 이메일 업무를 자동화하는 클라우드 흐름을 만들어봤습니다. 이메일과 관련된 업무 자동화 사례는 여러 가지 있습니다.

- 이메일 첨부 파일 저장 : 이메일로 수신되는 첨부 파일을 자동 저장하는 흐름입니다. 이번 Chapter에서 다뤘으므로 여러분은 바로 활용할 수 있습니다.

- 이메일 알림 : 특정 이메일이 수신되면 알림을 보내는 흐름입니다. 이번 Chapter에서는 고객사 이메일이 들어오면 Teams 알림을 보내도록 실습해 봤습니다.

- 이메일 전달 및 저장 : 특정 이메일이 수신되면 해당 이메일을 담당자 또는 공용 사서함으로 전달하거나 엑셀 또는, 쉐어포인트 목록에 저장하는 방식입니다.

- 이메일 발송 : 특정 시간(매일 아침 9시 등) 또는 특정 이벤트(Teams 채널에 게시글이 올라오는 경우)에 이메일을 자동 발송하는 경우입니다. 이번 Chapter에서는 특정 시간에 이메일 발송하는 실습을 했습니다.

- 이메일 필터링 및 분류 : 수신한 이메일을 자동으로 분류하여 특정 기준에 따라 이메일을 분류하는 자동화입니다. 인공지능을 활용하여 영어로 된 본문을 인식하여 자동으로 한국어로 번역할 수 있고 또는, 관련 부서에 전달할 수도 있습니다.

이메일 업무 자동화는 여러분의 업무에 바로 즉각 활용할 수 있습니다. 앞으로 배우게 될 엑셀 또는, 쉐어포인트와 연계한다면 보다 효과적으로 업무를 자동화하고 업무 효율성을 향상시킬 수 있습니다.

엑셀 업무 자동화

회사에서 사용하는 Office 프로그램 중 많이 활용되는 것이 바로 엑셀입니다. 엑셀은 당연히 계산을 위한 프로그램이지만 다양한 데이터, 자료 등을 정리하는 용도로도 폭넓게 사용하고 있습니다. 이번 Chapter에서는 엑셀 표에 자동으로 값이 저장되는 업무 자동화와 이전 Chapter에서 배운 이메일 발송과 연계하여 엑셀에 있는 이메일 주소로 자동 발송하는 작업을 클라우드 흐름으로 만들어 보겠습니다.

Section 01 엑셀 표 자동 저장하기

여러분은 회사 경비(용돈)를 어떻게 정리하나요? 가계부 앱에 정리하는 사람도 있고 엑셀에 정리하는 사람도 있을 듯합니다. 저는 예전부터 엑셀을 사용하여 정리했지만, 바로 기재하지 않으면 잊어버리고 나중에 기억나지 않아서 곤란할 때도 있었습니다.

또 막상 파일에 기재하려면 노트북을 켜서 엑셀을 실행하고, 해당 파일을 찾아서 테이블에 입력하는 것도 여간 귀찮은 일이 아닙니다. 하지만 Power Automate를 활용하면 스마트폰에서 클릭 몇 번으로 값을 저장하고 클라우드 흐름을 만들 수 있습니다. 나만의 가계부 앱을 만들어 봅시다.

01. 첫 번째는 경비를 저장하는 엑셀 파일을 만들어야 합니다. 본 교재에서는 Excel Online으로 파일을 만듭니다. Microsoft 365 홈페이지에 접속하여 로그인합니다.

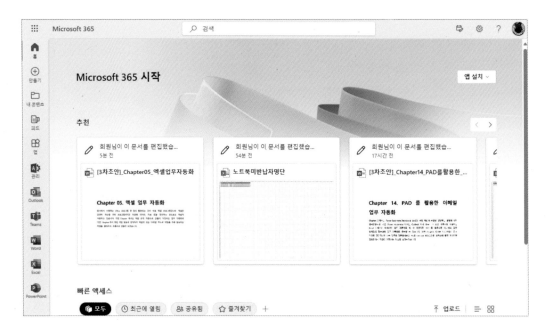

02. 왼쪽 메뉴의 [Excel] 〉 [새 통합 문서]를 클릭합니다.

03. Excel Online이 실행됩니다. 회사 경비를 입력할 예정이므로 그림과 같이 [A1:E1] 영역에 '일시, 구매처, 항목, 비용, 비고'를 입력합니다.

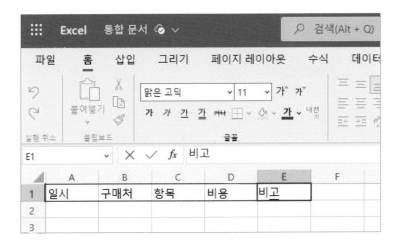

04. Power Automate에서 엑셀 표에 값이 저장되려면 엑셀의 표가 있다는 것을 인식해야 합니다. [A1:E1] 영역을 선택하고 리본 메뉴의 [삽입] 〉 [테이블]을 클릭합니다.

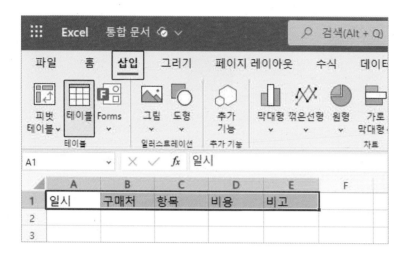

05. [테이블 만들기] 창에서 [표에 머리글이 있습니다]를 체크한 후 [확인]을 클릭합니다.

✔TIP 정상적으로 테이블이 설정되면 그림과 같이 테이블에 색상이 추가됩니다.

06. 표를 만든 후 확인해야 할 것이 있습니다. 마우스로 표를 지정하고 리본 메뉴의 [표 디자인] 〉 [속성]을 확인하면 표 이름을 확인할 수 있습니다. [표 이름]에 '표1'이라고 되어 있는 것을 기억해 주세요.

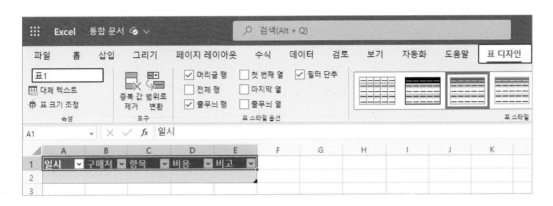

07. 이제 엑셀 파일을 저장해 봅시다. 상단의 [통합 문서]을 클릭하면 그림과 같이 파일 이름을 입력할 수 있습니다. '회사경비'라고 입력하면 자동으로 저장됩니다. 이 파일은 OneDrive의 [Root] 폴더에 저장됩니다. 이제 엑셀은 준비가 완료되었으므로 클라우드 흐름을 만들어 봅시다.

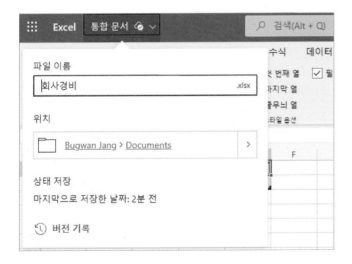

✔TIP [위치]를 살펴보면 'Bugwan Jang 〉 Document'라고 표시되는데, 이곳이 OneDrive의 [Root] 폴더입니다. 따라서 OneDrive의 다른 폴더에 저장하고 싶으면 〉 를 클릭하여 폴더를 지정해야 합니다.

08. Excel Online 홈페이지 왼쪽 상단의 [앱 시작 관리자](▦)를 클릭한 후 [Power Automate]를 클릭하여 Power Automate 홈페이지 이동합니다.

09. 왼쪽 메뉴의 [만들기]를 클릭하고 [시작(처음부터)] 〉 [인스턴트 클라우드 흐름]을 클릭합니다.

10. [인스턴트 클라우드 흐름 작성] 창에서

① 흐름 이름 : '10 회사 경비 엑셀 저장' 입력
② 이 흐름의 트리거 방법 선택 : [수동으로 흐름 트리거 모바일용 흐름 버튼] 선택 후 [만들기] 클릭

11. 화면이 전환되면서 가운데에 [수동으로 흐름 트리거]가 나타납니다. 오른쪽 상단의 [새 디자이너]를 해제하여 흐름 작성 페이지가 기존 작업 환경으로 변경됩니다.

12. 우리가 원하는 것은 모바일 앱에서 일시, 구매처, 비용 등을 입력하는 것입니다. 어떻게 해야 할까요? [수동으로 Flow 트리거]는 단순히 버튼 클릭뿐만 아니라 입력 상자를 표시할 수 있습니다. 모바일 앱에 표시할 항목은 제목, 사용자 입력 종류, 입력 방식으로 아래와 같습니다.

제목	사용자 입력 종류	입력 방식
일자	날짜	입력
구매처	텍스트	입력
항목	텍스트	드롭 다운 선택
비용	텍스트	입력
비고	텍스트	입력

13. [수동으로 Flow 트리거]를 선택하면 나타나는 [+ 입력 추가]를 클릭합니다.

14. 다양한 사용자 입력 종류가 나타나는데, 날짜를 입력할 것이므로 [날짜]를 클릭합니다.

15. 트리거 날짜에는 '일자'라고 입력합니다. 구매처를 추가해야 하므로 다시 한번 [+ 입력 추가]를
클릭합니다.

16. 두 번째 사용자 입력 종류는 [텍스트]를 클릭합니다.

17. '구매처'라고 입력하고 [+ 입력 추가]를 클릭해서 다시 한번 [텍스트]를 클릭합니다.

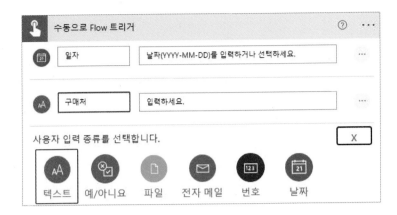

18. 이번에는 '항목'이라고 입력합니다. 항목에는 텍스트를 입력하는 것이 아닌 이미 정해진 목록을 사용자가 클릭해서 선택하는 방식을 사용하고자 합니다. ┄를 클릭해서 [옵션의 드롭 다운 목록 추가]를 선택합니다.

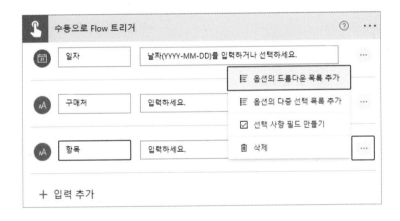

19. 옵션의 드롭 다운 목록을 그림과 같이 입력합니다.

20. 계속하여 [+ 입력 추가]를 클릭하여 '비용'과 '비고'를 추가합니다.

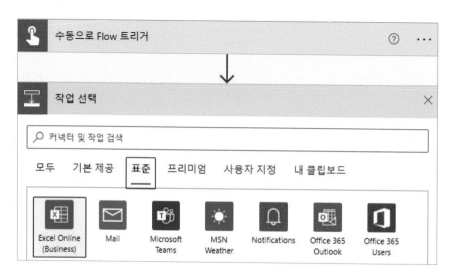

21. 이제 다음은 입력한 값을 엑셀 표에 추가하는 작업을 설정해 봅시다. 하단의 [+ 새 단계]를 클릭하고 작업 선택에서 [표준] 〉 [Excel Online (Business)]를 클릭합니다.

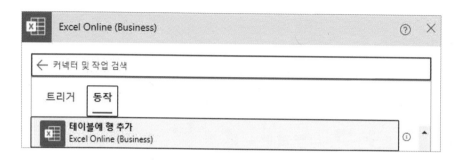

22. 엑셀 표에 행을 추가할 것이므로 [Excel Online (Business)]의 [동작] 〉 [테이블에 행 추가 Excel Online (Business)]를 클릭합니다.

23. 테이블에 행 추가 동작에서는 '위치, 문서 라이브러리, 파일, 테이블' 등을 설정해야 합니다. 이전에 작성했던 엑셀 파일의 위치와 표 이름을 기억하나요? 이제 하나씩 설정해 봅시다. [위치]는 드롭 다운 메뉴(▽)를 클릭하여 [OneDrive for Business]를 선택, [문서 라이브러리]에서는 [OneDrive]를 선택, [파일]은 [파일 탐색기](□)를 클릭하여 '회사경비.xlsx' 파일을 선택합니다.

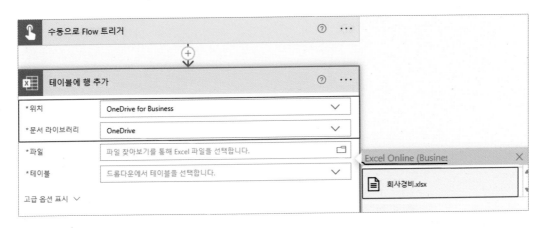

24. [테이블]에서 [표1]을 선택하면 엑셀 컬럼이 나타납니다. '일시, 구매처, 항목, 비용, 비고'까지 [동적 콘텐츠 추가]를 이용하여 하나씩 추가합니다. 하단의 [저장]을 클릭하면 클라우드 흐름 작성이 끝났습니다.

25. Power Automate 앱에 접속해서 직접 입력하여 흐름을 실행해 봅니다. Power Automate 앱을 실행하고 인스턴트 흐름을 클릭하면 그림과 같이 '10 회사 경비 엑셀 저장' 흐름이 나타납니다. 방금 작성한 흐름을 선택합니다.

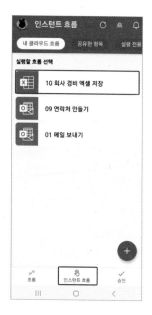

26. '10 회사 경비 엑셀 저장' 흐름을 선택하면 상세 입력 창이 나타납니다. 그림과 같이 적당한 값을 입력하고 [흐름 실행]을 클릭합니다.

27. 엑셀을 열어보면 그림과 같이 입력된 것을 알 수 있습니다. Power Automate 앱을 활용하면 나만의 모바일 가계부를 만들 수 있습니다.

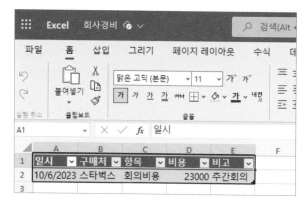

Section 02 엑셀 합계 구하기

엑셀에 경비를 계속 입력하다 보면 합계가 얼마인지 궁금해집니다. Power Automate에서 합계를 구할수 있을까요? 가능합니다. 이번에는 Power Automate에서 합계를 구하고 그 값을 스마트폰으로 알려주는 방법을 알아보겠습니다.

01. Power Automate 홈페이지 왼쪽 메뉴의 [내 흐름]을 클릭하면 여러분이 작성한 회사 경비 흐름이 나타납니다. 방금 작성한 흐름을 선택하고 상단의 [편집]을 클릭합니다.

02. 합계를 구하기 위해서는 변수라는 것을 먼저 알아야 합니다. 지금까지 동적 콘텐츠 가져오기를활용해서 앞선 트리거나 동작에서 얻은 값을 다음 동작에서 추가하여 사용했었습니다. 이러한 동적 콘텐츠 값은 대부분 고정된 값입니다. 하지만 합계라는 값은 계속 변하는 값으로 고정된 값이 아닙니다. 이렇게 프로그램 내에서 변하는 값을 변수라고 합니다. 변수를 사용할 때, 오른쪽 상단의 새 디자이너를 해제하고 기존 디자이너로 돌아와서 트리거와 테이블에 행 추가 작업 사이에 [작업 추가]를 클릭합니다.

03. 작업 선택에서 [기본 제공] 〉 [변수]를 클릭합니다.

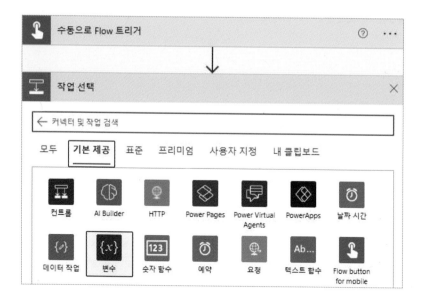

04. 변수 동작 중 [변수 초기화]를 선택합니다.

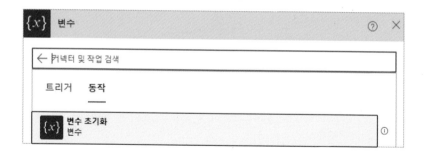

05. [변수 초기화]의 [이름]에 'Sum'을 입력하고, [유형]은 '정수'로 선택합니다.

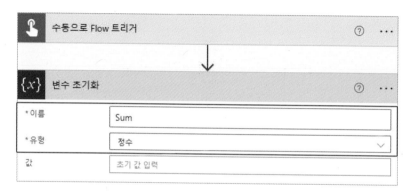

변수의 유형에서는 '부울, 정수, 부동 소수점 수, 문자열, 개체, 배열'이 있습니다. 사용하려는 데이터 유형에 맞춰 적절한 변수 유형을 선택해 줘야 합니다.

- **부울(Boolean)** : 참(true)과 거짓(false)을 나타내는 데이터 타입
- **정수(Integer)** : 정수를 나타내는 숫자 타입(예, 123, -123, 0)
- **부동 소수점수(Float)** : 소수점을 나타내는 숫자 타입(예, 3.1415)
- **문자열(String)** : 문자, 단어 등으로 구성된 텍스트 타입
- **개체(Object)** : 여러 속성들을 하나의 변수로 저장하는 데이터 타입
- **배열(Array)** : 여러 값들의 집합으로 저장하는 데이터 타입

06. 합계를 구하려면 테이블의 비용을 모두 합쳐야 합니다. 사람들은 엑셀 표 값을 읽어서 쉽게 구할 수 있지만 컴퓨터는 그렇게 직관적으로 인식하지 못하죠. 컴퓨터가 하는 방법은 엑셀의 ① 각각의 행의 값을 읽고, ② 행 들 중 비용이라는 컬럼명을 값을 찾아, ③ 하나씩 더하는 방식입니다. 따라서 먼저 엑셀 테이블의 행의 값을 읽는 작업을 먼저 해 봅시다. [테이블에 행 추가]의 [+ 새 단계]를 클릭하여 작업 추가에서 [Excel Online (Business)]의 [동작] 〉 [테이블에 있는 행 나열 Excel Online (Business)]를 클릭합니다.

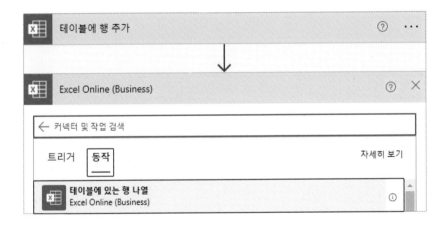

Power Automate에서 읽을 수 있는 엑셀 파일 용량은 한계가 있습니다. 엑셀 파일 용량이 25MB 이상이면 Power Automate에서 실행하지 못하니 유의하기 바랍니다.

07. 테이블에 있는 행 나열 동작의 필수 설정 항목은 '위치, 문서 라이브러리, 파일, 테이블' 등이 있습니다. 이전에 설정한 것을 동일하게 해줍니다.

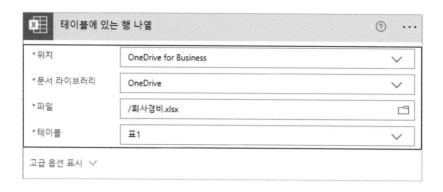

08. 테이블에 있는 행의 값을 읽었고 다음 작업은 읽은 행 중 각 행의 여러 값 중 비용이라는 열 값을 추가하는 작업을 해야 합니다. 작업 선택에서 [컨트롤]의 [동작] 〉 [반복 적용]을 클릭합니다.

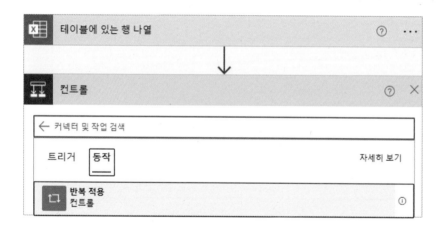

✔TIP '반복 적용'과 '각각에 적용'은 같은 동작입니다. For Each 영어 문구가 때로는 '반복 적용'으로, '각각에 적용'으로 번역되기도 합니다.

09. 각각에 적용 창에서 이전 단계에서 출력 선택 항목에 [동적 콘텐츠 추가]를 이용하여 테이블에 있는 행 나열 동작에서 얻은 동적 콘텐츠 값 [value]를 클릭하여 추가합니다.

10. 다음은 그 중 '비용'이라는 항목만 값을 추가하고 싶습니다. 각각에 적용 박스 안에 [작업 추가]를 클릭합니다.

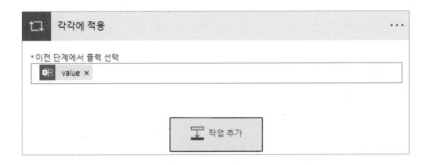

✓ TIP Microsoft 365에서는 엑셀 파일을 여러 사용자가 동시 편집할 수 있습니다. 때때로 Power Automate에서 사용하는 엑셀 파일을 다른 사람이 사용하는 경우에는 정상적으로 작동하지 않을 수 있으니 유의하기 바랍니다.

11. 추가할 작업은 바로 변수 값을 추가하는 동작입니다. 우리는 비용을 합할 예정이므로 여러 변수 동작 중 [변수 증가]를 클릭합니다.

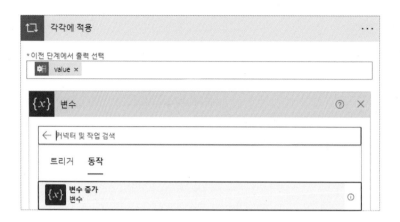

12. 변수 증가의 [이름]에는 'Sum'을 선택합니다.

13. 이제 값을 추가해야 하는데, [동적 콘텐츠 추가] 〉 [식]에서 item()['비용']이라고 입력합니다. item() 함수는 반복 작업 내에서 각각의 항목을 가져오는 역할을 합니다. 따라서 비용 열의 값을 갖고 오고 싶은 경우, item()['비용']이라고 작성하면 됩니다. 주의할 점이 있는데, 엑셀에서 갖고 온 값이 사실 숫자가 아니고 텍스트이기에 int()라는 함수를 사용해야 합니다. Int() 함수는 텍스트를 숫자로 전환해주는 함수입니다. 최종적으로 식에서 int(item()['비용'])이라고 입력하고 [확인]을 클릭합니다.

14. 이제 스마트폰으로 알림을 보내는 작업을 추가해 봅시다. 각각의 적용 하단의 [+ 새 단계]를 클릭하여 작업 선택에서 [표준] 〉 [Notifications]를 클릭합니다.

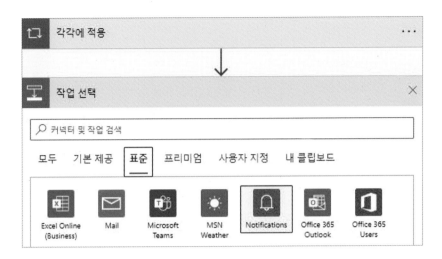

15. [Notifications]의 [동작] 〉 [모바일 알림 보내기 Notifications]를 클릭합니다.

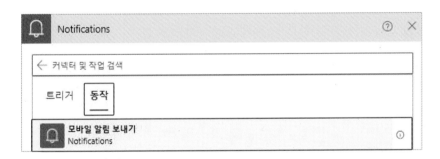

16. [텍스트]에서 [동적 콘텐츠 추가]를 활용하여 그림과 같이 작성해 봅니다.

17. 모든 흐름이 작성 완료했습니다. 전체 흐름은 아래와 같습니다.

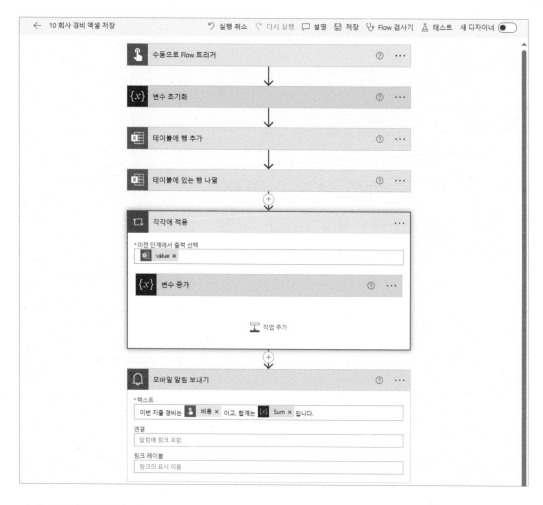

이제 경비를 입력하면 바로 엑셀 표에 자동으로 추가되고 내 스마트폰에 경비 합계도 나오므로 얼마나 지출했는지 별도 계산하지 않아도 바로 확인할 수 있습니다.

여러분이 필요한 경우, 모바일 알림 보내기 대신 앞 단원에서 사용했던 메일 보내기 동작을 추가하면 메일을 보낼 수 있습니다. 메일 보내는 경우에는 메일 받는 사람에 팀장님 또는 팀 경비 담당자 메일 주소를 입력하면 경비 사용할 때마다 경비 내역이 담당자에게 메일로 발송됩니다.

Section 03 엑셀 목록으로 자동 이메일 보내기

지금까지 모바일 앱에서 값을 입력하면 자동으로 엑셀에 행이 추가되고 합계를 구하는 흐름을 작성하였습니다. 지금까지 여러분이 노트북 앞에서 일일이 엑셀에 입력하던 작업을 Power Automate를 활용하면 모바일에서 손쉽게 엑셀에 업데이트하고 자동으로 계산까지 수행할 수 있습니다.

엑셀은 이렇게 계산을 구하는 데 사용하기도 하지만 자료를 저장하는 용도로도 사용합니다. 예를 들어, 많은 사람이 고객 연락처라는 엑셀 파일을 만들어 고객 이름과 이메일 주소를 저장하고 있습니다. 여러분은 고객에게 이메일을 보낼 때 어떻게 하나요? 고객 연락처에 엑셀 파일을 열어서 이메일 발신자 항목에 고객 이메일 주소를 확인해서 일일이 입력하는 것이 일반적일 것입니다. 하지만 수백이라면, 아니 수십 명이라도 일일이 추가하는 데도 많은 시간이 소모됩니다.

더구나 이메일 본문 내용에 맞춰 고객 한 명에 맞춰 이름이나 특정 정보를 입력하려면 하루 종일 이메일 발송만 하게 됩니다. 하지만 Power Automate를 활용할 수 있다면 이런 작업은 한 번의 클릭으로 해결할 수 있습니다. 이번에는 엑셀 표를 읽어서 엑셀 표에 있는 이메일 주소로 이메일을 발송하는 클라우드 흐름을 만들어 봅시다. 이번 실습은 노트북 미반납자 목록에 있는 사용자에게 일괄 이메일을 보내는 시나리오입니다. 엑셀 표에 노트북 이름과 반납 일자, 대여자 이메일 주소가 있고 클릭 한 번으로 엑셀 표에 맞춰서 반납 안내 이메일을 보내는 클라우드 흐름을 만들어 봅시다. 우선 노트북 미반납자 명단을 엑셀로 작성해 봅시다.

01. 첫 번째는 노트북 미반납자 명단을 엑셀 파일을 만들어야 합니다. Microsoft 365 홈페이지에 접속하여 로그인합니다. 왼쪽 메뉴의 [Excel]을 클릭한 후 [새 통합 문서]를 클릭합니다.

02. Excel Online이 실행됩니다. 이제 노트북 대여자 명단을 작성해 봅시다. 그림과 같이 [A1] 셀부터 '반납일, 노트북번호, 대여자 이메일'까지 입력합니다.

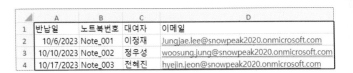

✔ TIP 여러분은 테스트를 위해서 가상 이메일 주소를 만들거나, 직장 동료의 이메일 주소를 활용하기 바랍니다.

03. 앞 Section에서 학습했듯이 Power Automate에서 엑셀에 값을 저장하거나 읽으려면 엑셀에 테이블을 만들어줘야 합니다. [A1 : D4] 영역을 선택하고 리본 메뉴의 [삽입] 〉[테이블]을 클릭합니다.

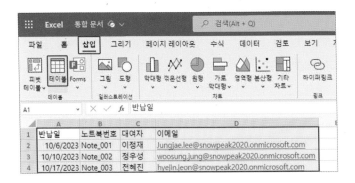

04. [테이블 만들기] 창에서 [표에 머리글이 있습니다]를 체크하고 [확인]을 클릭합니다.

05. 테이블 만들기를 한 후 확인해야 할 것이 있습니다. 테이블 영역을 지정하고 리본 메뉴에서 [표 디자인]을 클릭하면 속성에 표의 이름을 확인할 수 있습니다. '표1'이라고 되어 있는 것을 기억하세요.

06. 이제 엑셀 파일을 저장해 봅시다. 상단의 [통합 문서]를 클릭하면 그림과 같이 [파일 이름]을 변경할 수 있습니다. '노트북미반납자명단'이라고 입력하면 저장됩니다. 이제 엑셀 파일은 준비되었으므로 흐름을 만들어 봅시다.

✔ TIP   Power Automate에서 다루는 파일은 OneDrive나 Google Drive와 같은 클라우드 공간에 저장해야 합니다.

07. 이제 매주 평일 8시에 엑셀 파일을 읽어서 반납일이 일치하는 사람에게 메일을 보내는 클라우드 흐름을 만들어 봅시다. Power Automate 홈페이지 접속하여 로그인한 후 Power Automate 홈페이지 왼쪽 메뉴 [만들기]를 클릭하고 [시작(처음부터)] 〉 [예약된 클라우드 흐름]을 클릭합니다.

08. [예약된 클라우드 흐름 빌드] 창에서

① 흐름 이름 : '11 노트북 반납 요청 이메일 보내기' 입력

② 시작 : 첫 번째 흐름이 시작할 날짜 - 23.10.9 08:00 AM

③ 반복 주기 : 1주

④ 요일 선택 : [월], [화], [수], [목], [금] 선택 후 [만들기] 클릭

✔TIP   '23년 10월 9일 아침 8시에 최초 흐름이 시작하며 주중 평일마다 반복하여 흐름이 작동합니다.

09. 화면이 전환되면서 가운데에 [Recurrence]가 나타납니다. 오른쪽 상단의 [새 디자이너]를 해제
하면 흐름 작성 페이지가 기존 작업 환경으로 변경됩니다.

10. 다음은 엑셀 파일의 정보를 읽어 오는 작업을 추가해 봅시다. 하단의 [+ 새 단계]를 클릭하고 작업 선택에서 [Excel Online (Business)] 〉 [테이블에 있는 행 나열 Excel Online (Business)]를 클릭합니다.

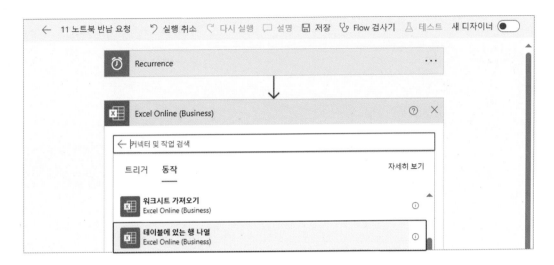

11. 앞선 Section에서 테이블에 있는 행 나열 동작을 설정했는 데 기억하나요? 그림과 같이 [위치]는 'OneDrive for Business', [문서 라이브러리]는 'OneDrive', [파일]은 [파일 탐색기](🗀)를 클릭하여 '노트북미반납자명단.xlsx' 파일을 선택하고 [테이블]은 '표1'을 선택합니다.

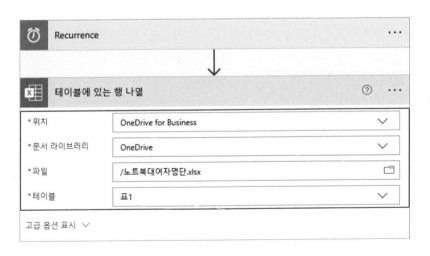

12. [고급 옵션 표시]를 클릭하여 [필터 쿼리]에 그림과 같이 반납일 eq ' '를 작성하고 ' ' 안에 마우스를 위치하고 [동적 콘텐츠 추가]를 클릭하여 식을 선택한 후, 수식 입력줄에 아래 수식을 입력하고 [확인]을 클릭합니다. 이렇게 하면 엑셀의 반납일 행 중 오늘 날짜와 일치하는 행만 추출됩니다.

addHours(utcNow( ), 9, 'yyyy-MM-dd')

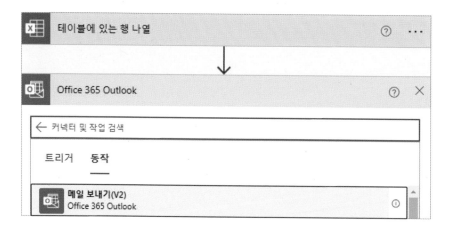

✓TIP addHours( ) 함수는 시간을 추가하는 함수이고 utcNow( ) 함수는 현재 시간을 나타내는 함수입니다. 다만 utcNow( )는 협정 세계시로 우리나라 표준시로 변경하려면 9시간을 추가해야 합니다. 따라서 현재 정확한 시간을 나타내려면 addHours(utcNow( ), 9)라고 사용하면 됩니다.

13. 엑셀 정보를 읽었으니 바로 단계로 메일을 보내는 작업을 추가해 봅시다. 하단의 [+ 새 단계]를 클릭하여 작업 선택에서 [표준] 〉 [Microsoft 365 Outlook]을 클릭하고, [동작] 〉 [메일 보내기(V2) Office 365 Outlook]을 클릭합니다.

14. [메일 보내기(V2)]를 설정해 봅시다. [받는 사람]에는 [동적 콘텐츠 추가]를 이용하여 [테이블에 있는 행 나열]의 동적 콘텐츠 [이메일]을 선택합니다.

15. 각각에 적용이라는 박스가 나타나고 [메일 보내기(V2)]는 각각에 적용 박스 안으로 자동으로 이동하게 됩니다. 각각에 적용이라는 것은 엑셀의 행을 각각 읽어본다는 의미입니다. [메일 보내기(V2)]를 다시 한번 클릭합니다.

16. [메일 보내기(V2)]의 [제목]과 [본문]은 아래의 그림과 같이 입력합니다. [동적 콘텐츠 추가]를 이용하여 [제목]과 [본문]은 엑셀의 각 행 정보를 활용해서 사용자 맞춤형으로 작성할 수 있습니다.

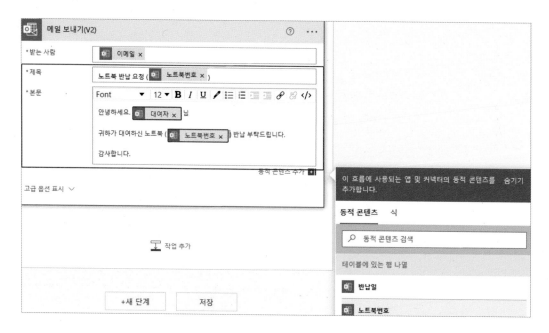

17. 하단의 [저장]을 클릭하면 흐름 작성이 완료됩니다. 다음 주 월요일까지 기다리지 않고, 오른쪽 상단의 [테스트]를 클릭하여 [수동]을 선택하면 바로 테스트가 가능합니다. 테스트가 시작되면 화면이 바뀌면서 각 박스의 상단에 녹색 체크가 나타나면 정상적으로 잘 작동한 것입니다. 각각에 적용 박스를 클릭하면 [메일 보내기(V2)]가 순차적으로 작동했음을 알 수 있습니다.

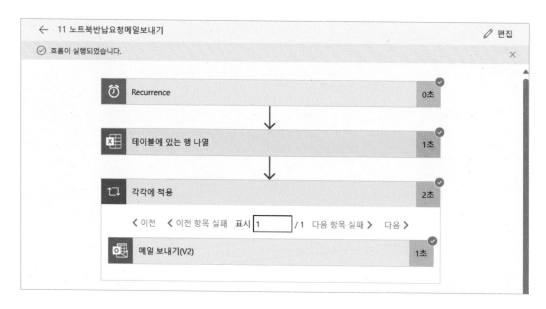

┃ 엑셀 자동화 작업 확장하기

이번 Chapter에서는 엑셀 자동화와 관련된 클라우드 흐름을 작성해 봤습니다. 엑셀 자동화와 관련된 작업을 정리하면 아래와 같습니다.

- 데이터 수집 및 저장 : Power Automate 앱을 활용하여 데이터를 입력하면 자동으로 엑셀 파일에 저장할 수 있습니다. 이번 Chapter에서 실습했듯이 별도 모바일 앱을 개발할 필요 없이 바로 스마트폰에서 활용할 수 있습니다.

- 데이터 추출 및 가공 : 엑셀에 입력된 값은 바로 합계를 구하고 때로는 다양한 수식을 적용할 수 있습니다. Office Script를 활용하면 엑셀에 데이터를 요약하고 차트를 작성할 수 있습니다.

- 데이터 업데이트 및 동기화 : 다양한 엑셀 파일을 하나로 합치거나 쉐어포인트 목록이나 데이터베이스와 연동하여 데이터 동기화할 수 있습니다. 예를 들어, 회사 각 지점에서 업데이트한 엑셀 데이터는 하나의 회사 전체 엑셀이나 데이터베이스로 자동 저장이 가능하게 됩니다.

- 일정 관리 및 알림 : 엑셀에 저장된 값을 활용하여 이메일을 발송할 수 있습니다. 이번 Chapter에서 다뤘던 내용입니다. 이를 활용하여 엑셀 칼럼에 특정 날짜를 입력하면 특정 날짜에 해당하는 사람들에게 이메일로 알림을 보낼 수 있습니다.

- 데이터 분석 보고서 작성 : 엑셀 파일의 데이터를 Power BI와 연계하여 데이터 분석 및 시각화 보고서를 작성할 수 있습니다. 파일/이메일 작업 자동화와 연계하여 담당자에게 이메일을 발송하면 해당 이메일은 특정 폴더에 자동 저장하고 특정 폴더에 저장한 엑셀 파일로 자동 분석 보고서를 작성하는 방식입니다.

위와 같이 Power Automate를 활용하면 엑셀과 관련된 많은 업무를 자동화하여 여러분의 업무 효율을 향상시킬 수 있습니다. 특히 엑셀은 다양한 애플리케이션과 연동되기에 꼭 실습해 보고 여러분의 업무에 활용했으면 합니다.

Chapter

06

워드와
PDF 업무 자동화

회사에서는 엑셀, 워드, 파워포인트 문서와 함께 PDF 문서를 많이 사용합니다. PDF 문서는 MS Office나 아래아 한글과 같은 프로그램 없이도 읽을 수 있으며, 대부분의 서식이 유지되므로 회사 간 문서 교환에 널리 활용됩니다. 특히 MS Office를 사용하는 회사와 아래아 한글을 사용하는 관공서 간에는 PDF 파일로 주고받는 경우가 많습니다.

회사 내에서도 직원들에게 배포하는 서류는 워드 대신 PDF로 작성하여 많이 사용합니다. 예를 들어, 연봉 계약서나 연차 사용 통보서 등과 같은 서류는 워드나 엑셀로 작성하지만, 상대방에게 전달할 때는 PDF로 변환하여 이메일로 발송합니다. 이러한 문서는 형식은 동일하지만, 직원마다 내용이 다르기 때문에 문서를 일일이 수정하고 업데이트한 다음, PDF로 저장하고 이메일로 발송하는 데 상당한 시간이 소요됩니다.

매달 이러한 작업을 수행해야 한다면 인사팀 담당자는 하루 종일 이러한 반복 작업에 매몰되어야 합니다. 그러나 Power Automate를 활용하면 저장된 엑셀 정보를 활용해 워드 파일을 생성하고, PDF로 변환하여 이메일을 보내는 등의 일련의 작업을 하나의 흐름으로 자동화하여 업무 시간을 크게 단축할 수 있습니다.

Section 01 엑셀 파일에서 워드 파일 만들기

인사팀에서는 매월 1일에 연차 사용 통보서라는 PDF 문서를 작성하여 임직원에게 이메일 발송하고 있습니다. IT팀으로부터 엑셀로 작성된 연차 현황표를 받아서 개별 임직원에게 전달할 PDF 문서를 만들고 각각 임직원에게 첨부 파일로 이메일 발송하는 작업인데, 매월 1일에는 엑셀 내용을 복사하여 워드로 붙여 넣고 다시 PDF 파일로 저장하여 이메일 발송까지 하루 종일 업무를 수행해도 시간이 부족합니다.

지난 Chapter 05에서 살펴봤던 엑셀 표를 활용하여 이메일 발송했던 흐름 기억하나요? 이와 동일하게 Power Automate를 활용하면 엑셀 표의 정보로 워드, PDF 파일을 만들고 바로 이메일로 발송까지 할 수 있습니다. 우선 엑셀로 작성된 연차 현황표부터 만들어 봅시다.

01. Excel Online에서 임직원 연차 현황표를 만들어 봅시다. Microsoft 365 홈페이지에 접속하여 로그인 한 후 왼쪽 메뉴의 [Excel]을 클릭하고 [새 통합 문서]를 클릭합니다.

02. Excel Online이 실행됩니다. 그림과 같이 [A1] 셀부터 '사번, 이름, 메일주소, 보유연차, 사용연차, 잔여연차'까지 입력합니다. 실제 회사라면 3명이 아니라 수십, 수백 명이 되겠죠.

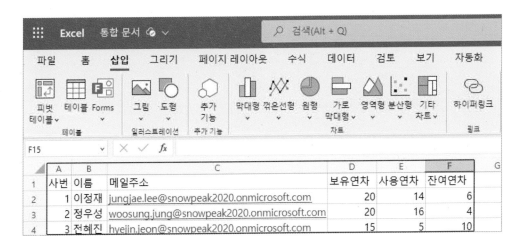

✔TIP 여러분은 테스트를 위해서 가상의 이메일 주소를 만들거나, 직장 동료 이메일 주소를 활용하기 바랍니다.

03. [A1 : F4] 영역을 선택하고 리본 메뉴의 [삽입] 〉 [테이블]을 클릭합니다.

04. [테이블 만들기] 창에서 [표에 머리글이 있습니다]를 체크하고 [확인]을 클릭합니다.

05. 표를 만든 후 리본 메뉴의 [표 디자인] 〉 [속성]에서 [표 이름]을 '연차'라고 수정합니다.

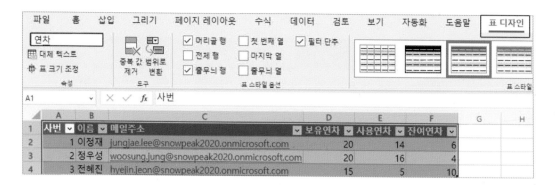

06. 상단의 [통합 문서]를 클릭하면 그림과 같이 [파일 이름]을 입력할 수 있습니다. '임직원연차명단'이라고 입력하면 파일 이름은 저장됩니다. 이제 엑셀은 준비가 완료되었으므로 연차 사용 통보서 워드 템플릿을 만들어 봅시다.

07. 이제의 워드 템플릿을 만들어 봅시다. PC에서 워드를 실행한 후 그림과 같이 연차 사용 통보서라는 워드 파일을 만들어 주세요.

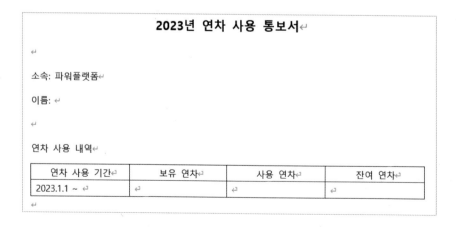

✔TIP 워드 템플릿 문서는 PC에 설치된 워드 프로그램에서만 작성이 가능합니다.

08. 워드에서 [파일] 〉 [옵션]을 클릭합니다. [Word 옵션] 창이 나타나면 [리본 사용자 지정] 〉 [리본 메뉴 사용자 지정]에서 [개발 도구]를 체크하고 [확인]을 클릭합니다.

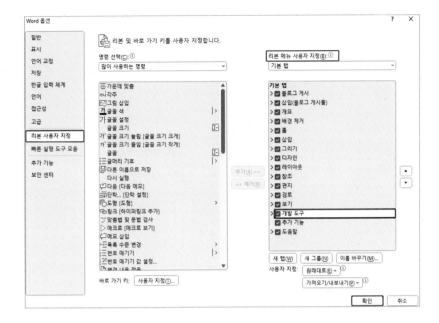

09. 워드로 돌아가서 리본 메뉴를 살펴보면 [개발 도구] 탭이 추가된 것을 확인할 수 있습니다. 다음 단계는 연차 사용 통보서 본문에 외부 내용이 들어갈 영역을 설정해야 합니다. 외부 내용이 입력될 위치를 클릭하고 리본 메뉴의 [개발 도구] 〉 [컨트롤] 〉 [일반 텍스트 콘텐츠 컨트롤]을 클릭합니다.

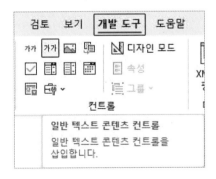

✔TIP 이번 실습에서는 엑셀에 있는 텍스트 값을 워드에 득징 영역에 입력하는 방법에 대해 실습하지만, 텍스트뿐만 아니라 그림도 추가할 수 있습니다. 계약서에 서명을 워드 또는 PDF 문서에 추가할 때 주로 사용합니다.

10. 그림과 같이 워드 문서 안에 텍스트 입력 박스가 생긴 것을 알 수 있습니다.

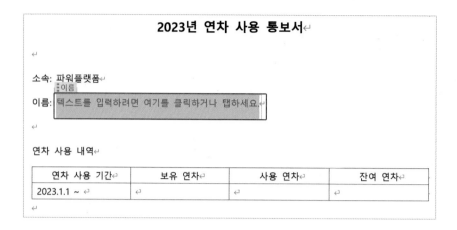

11. 여러 텍스트 입력 박스를 만들 예정이므로 각각을 구분할 수 있도록 제목을 부여합니다. 텍스트 입력 박스를 선택하고 리본 메뉴의 [개발 도구] 〉 [컨트롤] 〉 [속성]을 클릭합니다.

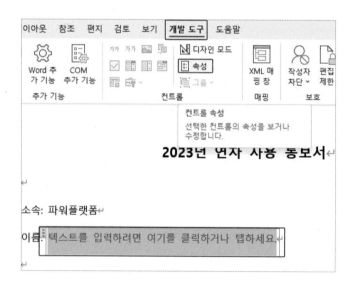

12. [콘텐츠 컨트롤 속성] 창에서 '제목, 태그'에 적절한 내용을 입력하고 [표시 형식]은 '경계 상자'를 선택한 후 [확인]을 클릭합니다.

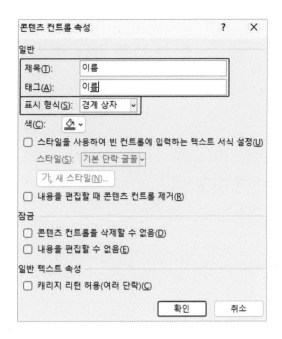

13. 작성이 완료되면 그림과 같이 '이름, 일자, 보유 연차, 사용 연차, 잔여 연차'에 추가합니다. 워드 템플릿이 준비 완료되었습니다.

연차 사용 내역↵

연차 사용 기간↵	보유 연차↵	사용 연차↵	잔여연차 잔여 연차↵
2023.1.1 ~텍스트를 입력하려면 여기를 클릭하거나 탭하세요. ↵	텍스트를 입력하려면 여기를 클릭하거나 탭하세요.↵	텍스트를 입력하려면 여기를 클릭하거나 탭하세요.↵	텍스트를 입력하려면 여기를 클릭하거나 탭하세요.

14. 워드 템플릿 작성이 완료되었으므로 파일을 OneDrive에 저장합니다. [파일] 〉 [다른 이름으로 저장]을 클릭하고 [OneDrive]를 선택한 후 '연차사용통보서_Template'이라고 저장합니다.

연차 사용 안내 메일 발송 흐름 만들기

엑셀과 워드 파일이 작성되었습니다. 이제 매월 1일 오전 9시에 엑셀의 표를 읽어서 연차 사용 통보서 PDF를 만드는 흐름을 만들어 봅시다.

01. Power Automate 홈페이지(https://make.powerautomate.com)에 로그인 후 왼쪽 메뉴의 [만들기]를 클릭하고 [시작(처음부터)] 〉 [예약된 클라우드 흐름]을 클릭합니다.

02. [예약된 클라우드 흐름 빌드] 창에서

① 흐름 이름 : '12 연차사용통보서발송하기' 입력
② 시작 : 첫 번째 흐름이 시작할 날짜 - 23.11.01 09:00 AM
③ 반복 주기 : 1개월로 설정 후 [만들기] 클릭

✓ TIP 매월 1일 오전 9시에 흐름이 실행되고 '23년 11월 1일 9시에 최초 흐름이 시작된다는 의미입니다.

03. 화면이 전환되면서 가운데에 [Recurrence]가 나타납니다. 오른쪽 상단의 [새 디자이너]를 해제하면 흐름 작성 페이지가 기존 작업 환경으로 변경됩니다.

04. 첫 번째 동작은 연차 정보가 담긴 엑셀의 표(테이블)의 정보를 갖고 오는 작업입니다. 엑셀의 표(테이블) 행 값을 갖고 오는 동작은 테이블에 있는 행 나열입니다. [+ 새 단계]를 클릭하여 작업 선택에서 [Excel Online (Business)] 〉 [테이블 있는 행 나열 Excel Online (Business)]를 클릭합니다.

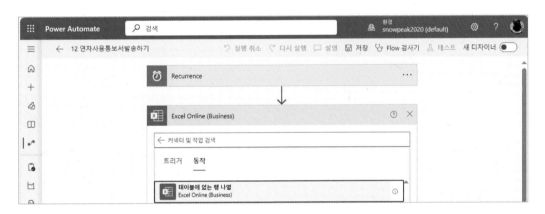

05. [위치]는 'OneDrive for Business', [문서 라이브러리]는 'OneDrive', [파일]은 이전에 작성했던 '임직원연차명단.xlsx' 파일을 찾아서 선택하고 [테이블]은 '연차'로 설정합니다.

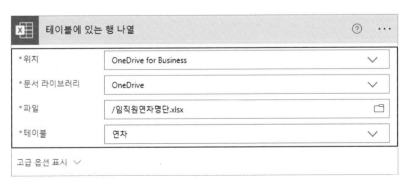

06. 임직원 연차 현황표에서 각 행의 사용자와 연차 정보를 읽었습니다. 다음 동작은 엑셀의 각 행을 읽어서 워드 파일을 만드는 작업을 해야 합니다. 반복해서 수행하는 작업은 각각의 적용(반복 적용)을 사용하면 됩니다. [+ 새 단계]를 클릭하고 작업 선택에서 [컨트롤]의 [동작] 〉 [반복 적용]을 클릭합니다.

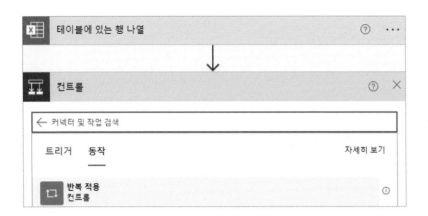

07. [각각에 적용(반복 적용)] 작업 내 공란에는 [동적 콘텐츠 추가]를 클릭하고 테이블에 있는 행 나열의 동적 콘텐츠 값 중 [value]를 선택합니다.

✓ **TIP** **프리미엄 커넥터는 무엇인가요?**

커넥터는 Power Automate가 연동하는 앱 또는 서비스를 의미합니다. 기본적으로 Microsoft 365 라이선스 사용자는 기본 커넥터를 사용할 수 있고, 프리미엄 커넥터는 커넥터 제공사에 따라 별도 과금이 발생할 수 있습니다.

08. 각각에 적용 박스 내 [작업 추가]를 클릭하여 [Word Online (Business)]에서 [동작] 〉[Microsoft Word 템플릿 채우기 Word Online (Business)]를 클릭합니다.

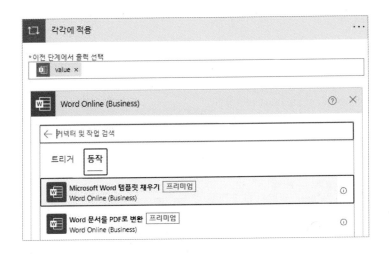

09. Microsoft Word 템플릿 채우기 동작은 위치, 문서 라이브러리, 파일을 필수 설정해야 합니다. 아까 작성했던 '연차사용통보서_Template.docx' 문서를 기억하나요? [위치]는 'OneDrive for Business', [문서 라이브러리]는 'OneDrive', [파일]은 [파일 탐색기](▢)를 클릭하여 '연차사용통보서_Template.docx' 파일을 선택합니다. 나머지 필드 값은 아래와 같이 [동적 콘텐츠 추가]를 클릭하여 추가합니다.

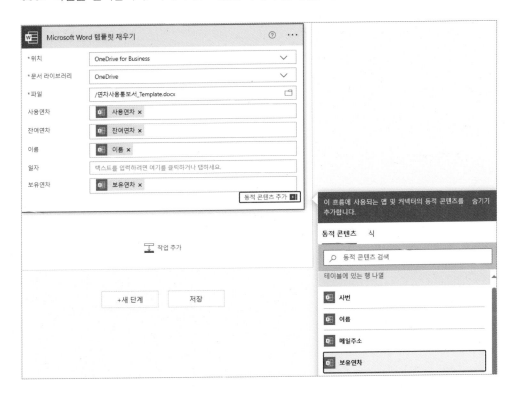

10. 일자는 '2023–11–01'과 같은 형식으로 추가하고 싶습니다. [동적 콘텐츠 추가]를 이용하여 식에서 아래 수식을 입력하고 [확인]을 클릭합니다.

formatDateTime(utcNow(), 'yyyy–MM–dd')

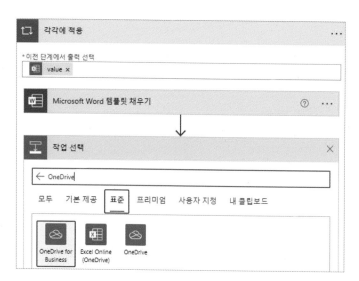

✅ **TIP** formatDateTime( ) 함수는 날짜 형식을 표시하는 함수이고 utcNow( ) 함수는 현재 시간을 나타내는 함수입니다.

11. 이제 워드 템플릿을 만들었고 다음은 워드 파일을 생성하는 작업입니다. 주의할 점은 파일을 만드는 것은 워드 커넥터에서 제공되지 않는다는 점입니다. 파일 만들기는 비즈니스용 OneDrive 커넥터에서 제공합니다. 하단의 [작업 추가]를 클릭하고 [OneDrive for Business] 커넥터를 선택합니다.

12. [OneDrive for Business] 〉 [파일 만들기] 동작을 선택합니다. [파일 만들기] 동작은 앞으로 생성될 워드 파일을 만들어주는 동작입니다. 워드 파일이 생성될 '폴더 경로, 파일 이름, 파일 콘텐츠'를 설정해야 합니다. [폴더 경로]에는 [파일 탐색기]( )를 클릭하여 [PDF] 폴더를 선택합니다([PDF] 폴더는 OneDrive에 미리 만들었으며, 폴더 만드는 방법은 82P를 참고하세요). [파일 이름]은 사용자에 따라 파일명이 구분되도록 '연차사용통보서_'까지 작성하고 [동적 콘텐츠 추가]를 이용해서 [이름]을 추가하고 뒤에는 '.docx'를 추가합니다. 그러면 파일명이 '연차사용통보서_이정재.docx', '연차사용통보서_정우성.docx'와 같은 형식으로 만들어집니다.

13. [파일 콘텐츠]는 [동적 콘텐츠 추가]를 이용하여 [Microsoft Word 템플릿 채우기] 〉 [Microsoft Word 문서]를 선택하고 [저장]을 클릭합니다.

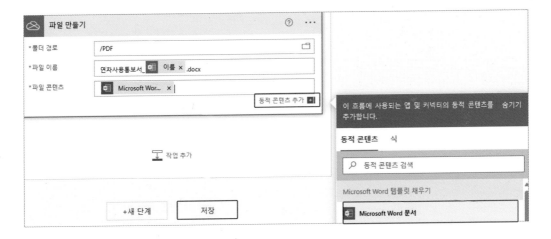

14. 이제 워드 파일을 만들었으므로 다음은 PDF 파일을 만들어 봅시다. 방금 만들었던 [파일 만들기] 동작 하단의 [작업 추가]를 클릭하여 [Word Online (Business)]의 [동작] 〉 [Word 문서를 PDF로 변환]을 클릭합니다.

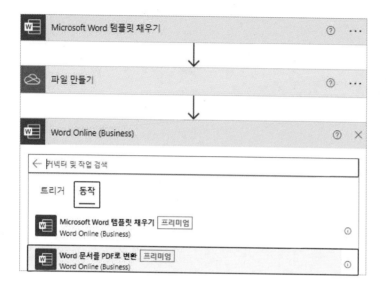

15. [Word 문서를 PDF로 변환] 동작을 채워봅시다. 이 동작은 PDF로 변환될 워드 파일의 위치를 지정해줘야 합니다. [위치]는 'OneDrive for Business', [문서 라이브러리]는 'OneDrive', [파일]은 [동적 콘텐츠 추가]를 이용하여 [파일 만들기] 〉 [경로]를 선택합니다.

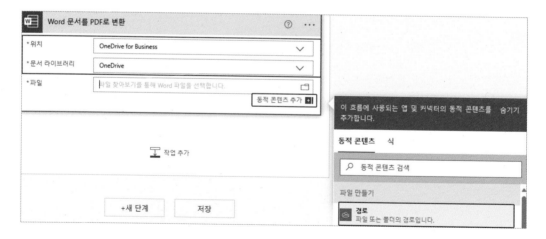

16. 다음 단계는 PDF 파일을 만드는 작업입니다. [작업 추가]를 클릭하여 [OneDrive for Business]의 [동작] 〉 [파일 만들기]를 클릭합니다.

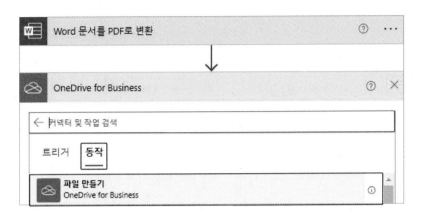

17. [파일 만들기 2] 동작에서는 PDF 파일이 만들어질 '폴더, 파일 이름, 파일 콘텐츠'를 추가해야 합니다. [폴더 경로]에는 [파일 탐색기](□)를 활용해서 [PDF] 폴더 지정, [파일 이름]에는 [동적 콘텐츠 추가]를 활용하여 그림과 같이 작성하고 [파일 콘텐츠] 역시 [동적 콘텐츠 추가]를 활용해서 [Word 문서를 PDF로 변환] 〉 [PDF 문서]를 추가합니다.

18. 동작 이름이 중복되면 나중에 복잡할 수 있으니 동작 이름을 변경해 봅시다. 오른쪽 상단의 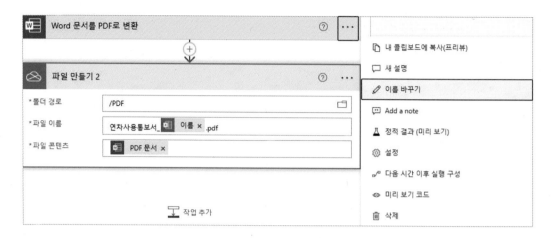를 클릭한 후 [이름 바꾸기]를 선택하여 'PDF 파일 만들기'로 이름을 변경합니다.

19. 이제 만들어진 PDF 파일을 이메일로 보냅시다. [작업 추가]를 클릭하여 [Office 365 Outlook] 〉 [메일 보내기(V2) Office 365 Outlook]을 클릭합니다.

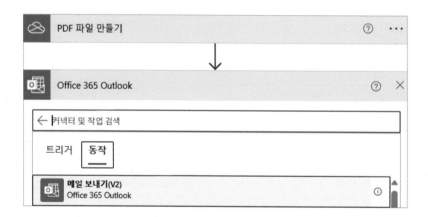

✅ TIP 메일 발송하려면 대부분 [메일 보내기(V2)] 동작을 사용합니다. [메일 보내기(V2)] 동작을 사용하는 경우 메일 발신자는 흐름 작성자가 되는데, 때로는 메일 발송자를 숨기고 싶을 때가 있습니다. 이럴 경우 [메일 알림 보내기(V3)] 동작을 사용하면 발신자가 'Microsoft Power Apps and Power Automate'로 변경됩니다.

20. [메일 보내기(V2)] 동작을 하나씩 채워봅시다. [받는 사람]은 [동적 콘텐츠 추가]를 이용하여 테이블 행 나열의 [메일 주소]를 선택합니다.

21. [제목]과 [본문]은 그림과 같이 [동적 콘텐츠 추가]를 이용하여 사용자 맞춤형으로 입력합니다.

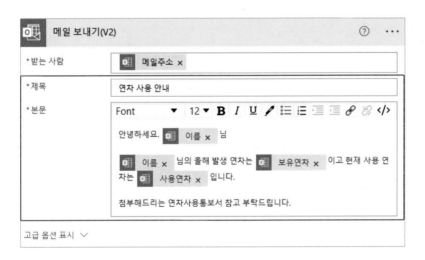

✔TIP [메일 보내기(V2)] 동작의 [고급 옵션 표시]에 중요도가 있습니다. 'Low, Normal, High'로 구분되어 있는데, 'High'로 설정하면 상대방이 메일을 받았을 때, 느낌표가 나타나고 "이 메시지는 중요도 [높음]으로 전송되었습니다."라고 추가됩니다.

22. [본문] 하단의 [고급 옵션 표시]를 클릭하여 첨부 파일을 추가해 봅시다. 첨부 파일을 추가하려면 첨부 파일 이름과 콘텐츠를 추가해야 합니다. [첨부 파일 이름 −1]에는 [동적 콘텐츠 추가]를 이용하여 [PDF 파일 만들기] 〉 [이름]을 추가합니다. 하단의 [첨부 파일 콘텐츠 − 1]을 추가하려 했지만, 해당 항목을 찾을 수가 없습니다. 이것은 추가 동작이 필요한 항목입니다.

23. [메일 보내기(V2)] 동작 앞에서 [작업 추가]를 클릭합니다.

24. 작업 선택에서 [OneDrive for Business]의 [동작] 〉 [파일 메타데이터 가져오기 OneDrive for Business]를 클릭합니다.

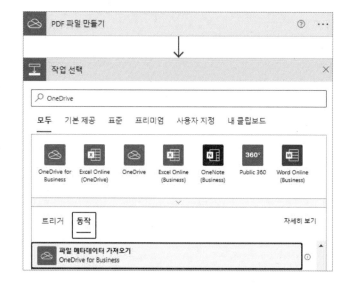

25. [파일 메타데이터 가져오기]에서 [파일]은 [동적 콘텐츠 추가]를 클릭해서 [PDF 파일 만들기] 〉 [ID]를 선택합니다.

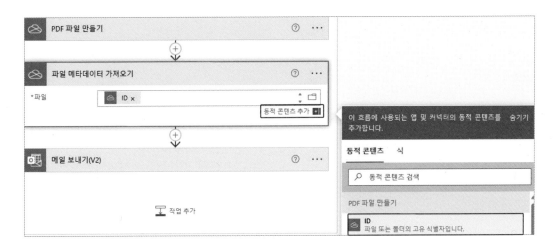

26. [파일 메타데이터 가져오기] 하단에 작업을 다시 한번 추가합니다. 추가할 작업은 [OneDrive for Business]의 [동작] 〉 [파일 콘텐츠 가져오기 OneDrive for Business]입니다.

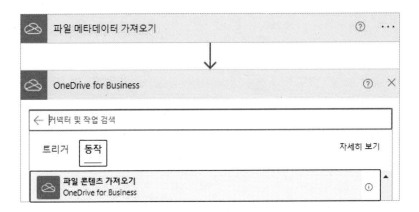

27. [파일 콘텐츠 가져오기]의 [파일]에 [동적 콘텐츠 추가]를 활용해서 [파일 메타데이터 가져오기] 〉
[ID]를 추가합니다.

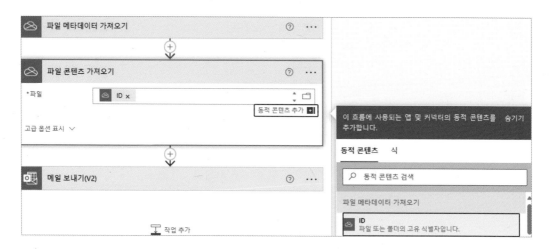

28. [메일 보내기(V2)] 동작을 다시 열어서 이전에 설정 못했던 부분을 다시 [파일 콘텐츠 가져오기]
동작에서 얻은 [파일 콘텐츠]를 추가하면 전체 흐름이 완성되었습니다.

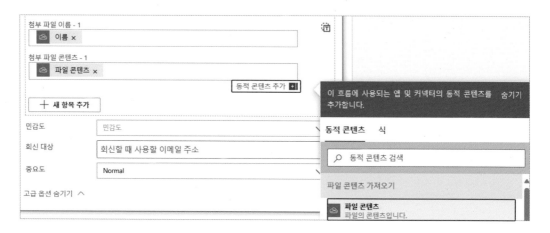

전체 흐름을 살펴봅시다. [Recurrence]를 통해 매월 1일 흐름이 시작되고 엑셀의 행 정보를 읽어서 엑셀 행 내용으로 워드 파일을 만들게 됩니다. 워드 파일은 PDF 파일로 변환되고, 해당 PDF 파일을 이메일로 보내는 흐름이 완성됩니다.

I Word, PDF 업무 확장하기

이번 Chapter에서는 프리미엄 [Word Online (Business)] 커넥터를 활용한 워드, PDF 관련된 업무 자동화 실습을 살펴봤습니다. 아래는 워드, PDF와 관련된 업무 자동화 사례입니다.

- Word 생성 및 이메일 발송 : 엑셀 테이블 정보를 기반으로 워드 템플릿을 활용하여 서류를 자동으로 생성하고 관련 담당자에게 발송하는 흐름으로 이번 Chapter에서 실습해 봤습니다. 이외에도 다음 Chapter에서 배울 Microsoft Forms를 활용하면 사용자 입력한 값을 그대로 계약서로 작성하여 상대방에게 이메일로 보낼 수 있게 됩니다.

- 다양한 PDF 서비스 : Adobe 프리미엄 서비스 커넥터를 활용하면 HTML, Office 등 다양한 문서를 PDF로 전환하고 PDF 문서 합치기, 나누기와 OCR 기능을 추가할 수 있으며 이외 서명 등을 추가하여 PDF 관련된 문서 서비스를 제공할 수 있습니다.

- 문서 자동화 및 승인 서비스 : 회사에서 많은 문서는 작성 후 승인을 받게 됩니다. 이러한 승인 프로세스에 Power Automate를 활용하면 문서의 버전 관리, 승인 결재 및 배포까지 활용할 수 있습니다.

Microsoft 365에서 제공하는 다양한 서비스와 Power Automate를 결합하여 활용한다면 문서 관련한 다양한 업무를 자동화할 수 있습니다. 여러분도 단순 반복적인 문서 관련 업무를 Power Automate를 활용하여 업무 자동화를 구현해 보세요.

MEMO

신청 업무 자동화

회사에서는 고객이나 직원들의 의견을 모으는 작업을 종종 진행됩니다. 예를 들어, 통신사는 고객 상담 후에는 고객 만족도 조사를 실시하고, 학교나 회사에서도 교육이 끝나면 교육 만족도 조사를 실시합니다. 이외에도 회사에서는 다양한 요청 사항을 접수하기 위해 설문을 활용합니다.

인사팀에서는 팀장 리더십에 대한 조사를 설문 조사로 수집하고 팀 내에서는 간단한 회식 날짜를 정할 때도 설문 조사로 의견을 수렴합니다. 이처럼 정보 수집 작업은 회사에서 많이 이루어지는데, 설문 조사 후 후속 작업도 많습니다. 설문 결과에 따라 설문 응답자에게 안내 이메일을 보내거나, 관련 업무 담당자에게 설문 결과를 공유하는 이메일 보내기도 하고 설문 결과는 엑셀로 정리되어 보관하게 됩니다.

Microsoft는 이러한 설문 조사를 간편하게 제공하기 위해 Forms 서비스를 제공합니다. Microsoft 365 사용자는 Forms를 통해 내부 임직원뿐만 아니라 외부 사용자에게도 설문을 발송할 수 있습니다. Power Automate와 Forms를 결합하여 활용하면 설문 조사 결과를 실시간으로 엑셀 저장, 담당자에게 이메일을 발송 그리고 Teams 채널에 메시지 게시까지 한 번에 진행되는 흐름을 구축할 수 있습니다.

Section

01 **설문 작성 및 엑셀 파일 만들기**

첫 번째 할 작업은 Microsoft Forms 홈페이지에서 Power Automate 교육 만족도 결과를 수집하는 설문을 만들어 봅시다.

01. Forms 홈페이지(https://forms.office.com) 접속한 후 화면 가운데 [로그인]을 클릭합니다.

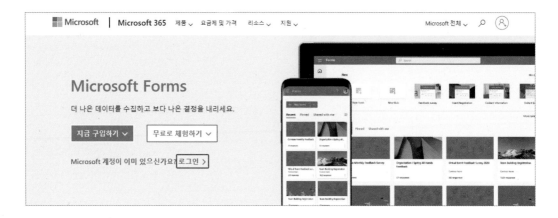

02. [로그인] 창에 Microsoft 365 이메일 주소를 입력하고 [다음]을 클릭합니다.

03. 암호를 입력하고 [로그인]을 클릭합니다.

04. 로그인 상태 유지 문의에 본인 PC라면 [예]를 클릭하면 됩니다. 만약 PC방이나 공용 PC라면 [아니요]를 클릭합니다.

05. Forms 페이지가 나타납니다. 상단의 [새 양식]을 클릭하여 새로운 설문을 만듭니다.

06. 설문 작성하는 페이지가 나타납니다. 우선 제목을 작성해 볼까요? [제목 없는 양식]을 클릭하여 설문 제목을 입력합니다. 저는 'Power Automate 교육 설문 조사'라고 작성했습니다.

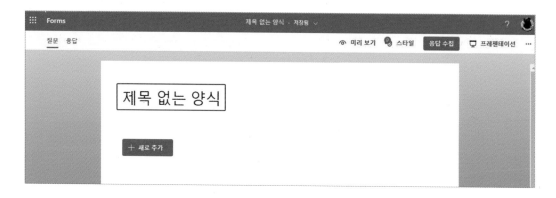

07. 제목을 작성하고 첫 번째 설문을 위한 질문 유형을 선택합니다. 이름을 물어볼 예정이기에 [텍스트]를 클릭합니다.

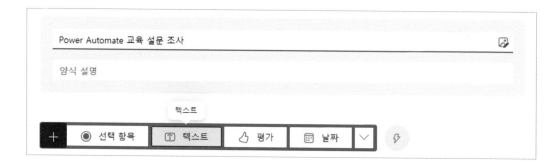

08. 첫 번째 설문에 '귀하의 이름을 작성해 주세요'라고 작성하고 [새로 추가]를 클릭한 후 다음 질문 유형에도 [텍스트]를 클릭합니다.

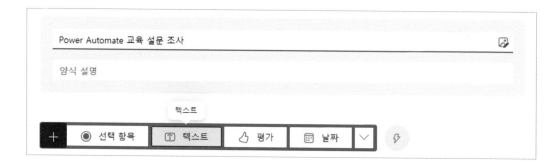

09. 두 번째 설문 문구는 이메일 주소에 대한 문의입니다. 그림과 같이 작성하고 다음 질문 유형에서는 [평가]를 클릭합니다.

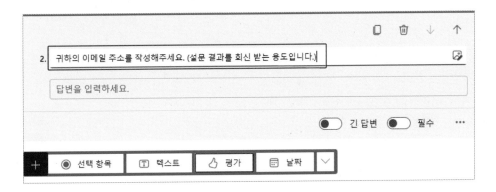

10. 세 번째 설문은 교육 만족도에 대한 설문입니다. 그림과 같이 설문 문구를 작성하고 [수준]은 '5', [기호]는 '숫자'로 변경합니다. 다음 질문 유형은 다시 [텍스트]를 클릭합니다.

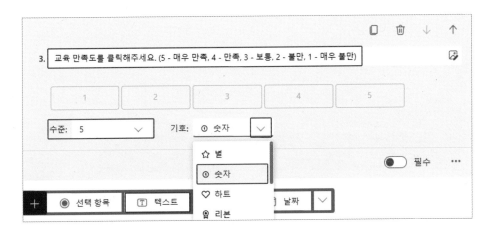

11. 네 번째 설문은 교육에 대한 궁금한 사항을 작성하는 부분입니다. 답변이 길어질 수 있으므로 [긴 답변]을 체크합니다.

12. 이제 설문 작성이 완료되었습니다. 오른쪽 상단의 [미리 보기]를 클릭합니다.

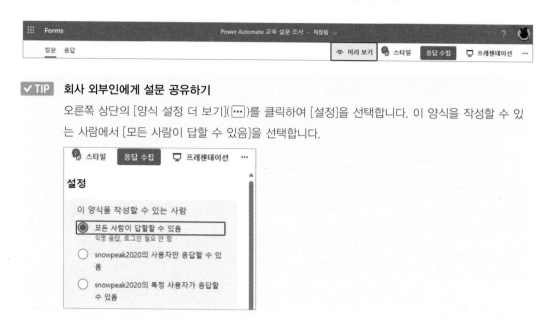

✓ TIP **회사 외부인에게 설문 공유하기**

오른쪽 상단의 [양식 설정 더 보기]([⋯])를 클릭하여 [설정]을 선택합니다. 이 양식을 작성할 수 있는 사람에서 [모든 사람이 답할 수 있음]을 선택합니다.

13. 사전에 테스트해 보세요. 설문을 진행하고 하단의 [제출]을 클릭하면 됩니다.

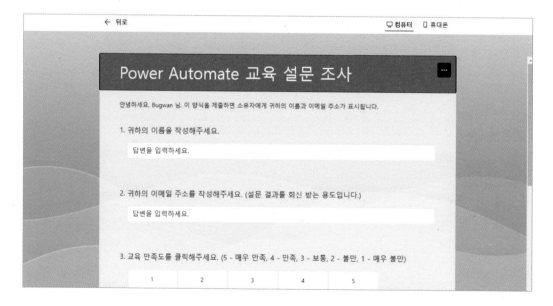

14. Forms 설문이 작성되었으므로 이제 설문 결과를 저장할 엑셀 파일을 만들어 봅시다. 이번에도 Excel Online에서 접속하여 [새 통합 문서]에서 그림과 같이 '이름, 이메일, 교육만족도, 궁금사항'을 입력합니다.

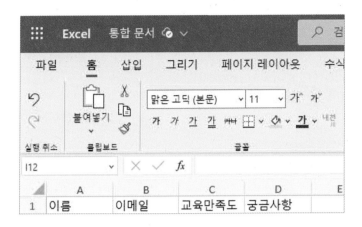

15. [A1:D1] 영역을 선택하고 리본 메뉴의 [삽입] 〉 [테이블]을 클릭합니다.

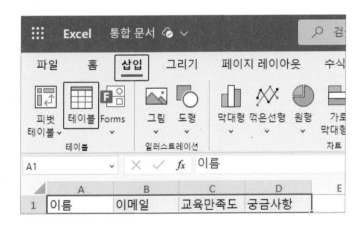

16. [테이블 만들기] 창에서 [표에 머리글 있습니다]를 체크한 후 [확인]을 클릭합니다.

17. 리본 메뉴의 [표 디자인] 〉 [속성]을 확인하면 [표 이름]에 '표1'이라고 되어 있습니다. 표 이름을 '설문'으로 변경합니다.

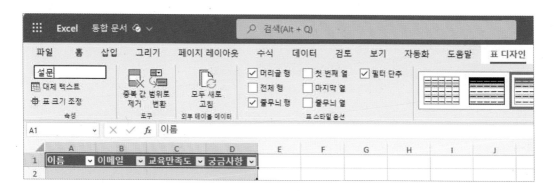

18. 이제 상단의 [통합 문서]를 클릭하여 [파일 이름]에 'PowerAutomate교육설문'이라고 작성합니다. Forms 설문과 설문 결과를 저장할 엑셀 파일 준비가 완료되었습니다. 이제 클라우드 흐름을 만들어 봅시다.

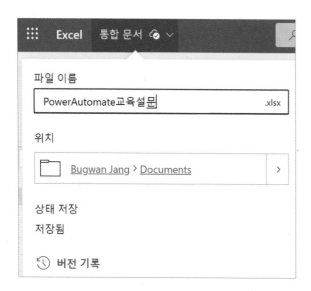

Section 02 설문 결과를 엑셀에 저장하고 이메일 회신하는 흐름 만들기

이제 Forms 설문 응답자에게 바로 설문 결과를 회신하는 흐름을 만들어 봅시다.

01. Power Automate 홈페이지(https://make.powerautomate.com)에 로그인 후 왼쪽 메뉴의 [만들기]를 클릭하고 [시작(처음부터)] 〉 [자동화된 클라우드 흐름]을 클릭합니다.

✓ TIP 일반적으로 클라우드 흐름을 선택하고 트리거를 선택하게 됩니다. 하지만 어떤 트리거가 적당한지 애매하다면 [자동화된 클라우드 흐름 빌드] 창에서 [건너뛰기]를 선택하세요. 그러면 선택할 수 있는 모든 커넥터가 보입니다. 여기에서 커넥터를 선택한 후 트리거를 선택할 수 있습니다.

02. [자동화된 클라우드 흐름 빌드] 창에서

① 흐름 이름 : '13 교육 설문 결과 회신' 입력
② 흐름 트리거 선택 : [새 응답이 제출되는 경우 Microsoft Forms] 선택 후 [만들기] 클릭

03. 화면이 전환되면서 가운데에 [새 응답이 제출되는 경우] 트리거가 나타납니다. 오른쪽 상단의 [새 디자이너]를 해제하면 흐름 작성 페이지가 기존 작업 환경으로 변경됩니다.

04. 첫 번째 할 작업은 트리거로 작동할 설문을 지정하는 작업입니다. [양식 ID] 드롭 다운 메뉴(⌄) 를 클릭하여 방금 전에 작성했던 [Power Automate 교육 설문 조사]를 선택합니다.

05. 첫 번째 할 작업은 Forms의 응답 정보를 가져오는 동작입니다. 하단의 [+ 새 단계]를 클릭하고 작업 선택에서 [Microsoft Forms]를 클릭합니다. Forms가 찾기 어려우면 검색에서 'forms'를 입력하여 검색하면 쉽게 찾을 수 있습니다.

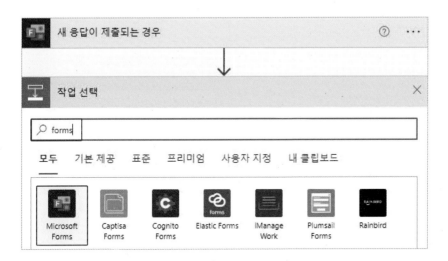

✓TIP Forms 설문 제목이 중복되는 경우, 어떤 설문인지 찾기 어렵습니다. 그래서 설문 제목을 작성할 때 날짜를 추가해서 식별이 가능하도록 작성하는 것을 권장합니다.

06. Microsoft Forms에 선택할 수 있는 동작은 [응답 세부 정보 가져오기 Microsoft Forms] 밖에 없습니다. 해당 동작을 선택합니다.

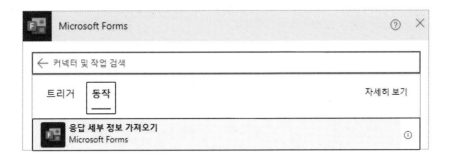

07. [응답 세부 정보 가져오기] 동작에서 [양식 ID]는 'Power Automate 교육 설문 조사'를 선택하고 [응답 ID]에는 [동적 콘텐츠 추가]를 이용하여 [새 응답이 제출되는 경우] 〉 [응답 ID]를 클릭합니다.

08. 설문 응답자에게 안내 이메일을 보내는 동작을 추가해 봅시다. 하단의 [+ 새 단계]를 클릭하고 작업 선택에서 [표준] 〉 [Office 365 Outlook]을 클릭합니다.

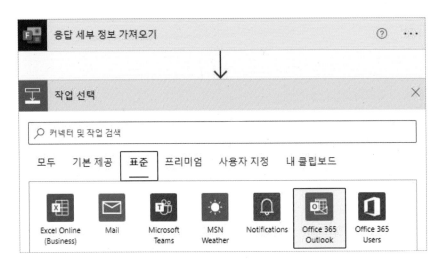

09. [Office365 Outlook]에서 [동작] 〉 [메일 보내기(V2) Office 365 Outlook]을 클릭합니다.

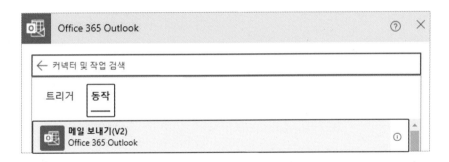

10. [메일 보내기(V2)] 동작을 설정해 봅시다. [받는 사람]에는 [동적 콘텐츠 추가]를 클릭하여 [응답 세부 정보 가져오기] 동작에서 얻은 [귀하의 이메일 주소를 작성해주세요.]를 클릭합니다.

✓ TIP **동적 콘텐츠가 보이지 않아요!**

동적 콘텐츠 추가하려는 데 콘텐츠가 보이지 않을 수 있습니다. 이럴 때는 해당 동작의 [자세히 보기]를 클릭하거나 검색에서 콘텐츠 이름을 검색하면 됩니다.

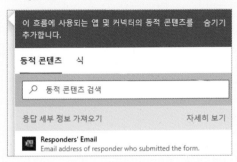

11. 그림과 같이 제목과 본문을 입력합니다. [동적 콘텐츠 추가]를 활용하면 사용자에 따라 맞춤형으로 이메일 제목과 본문을 작성할 수 있습니다.

12. 다음은 엑셀 파일에 설문 결과를 저장하고자 합니다. 하단의 [+ 새 단계]를 클릭하고 작업 선택에서 [표준] 〉 [Excel Online(Business)]를 선택하고, [Excel Online (Business)]의 [동작] 〉 [테이블에 행 추가 Excel Online (Business)]를 선택합니다.

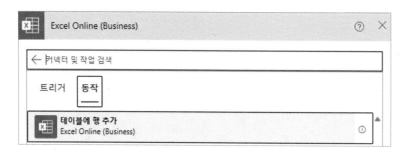

13. 테이블에 행 추가 동작을 설정해 봅시다. [위치]는 'OneDrive for Business', [문서 라이브러리]는 'OneDrive', [파일]은 [파일 탐색기](☐)를 클릭하여 'PowerAutomate교육설문.xlsx' 파일을 선택하고 [테이블]은 '설문'을 선택합니다.

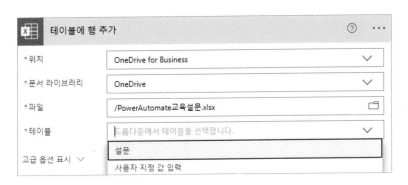

14. 테이블명에 설문을 선택하면 동작이 확장되어 [이름], [이메일], [교육만족도], [궁금사항]이 나타납니다. [동적 콘텐츠 추가]를 이용하여 각 필드를 채워줍니다.

15. 교육 만족도가 낮은 경우에는 강사님께 해당 설문 내용을 전달하고 싶습니다. 교육 만족도가 4점 미만인 설문을 자동으로 강사님에게 이메일을 보내는 흐름을 추가해 봅시다. 하단의 [+ 새 단계]를 클릭하고 작업 선택에서 [기본 제공] 〉 [컨트롤]을 클릭합니다.

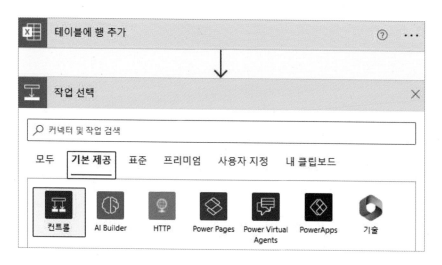

16. 컨트롤에는 여러 가지 동작이 있습니다. 우리가 원하는 동작은 교육 만족도가 4점 미만인 설문에만 이메일을 보내는 것이므로 [동작] 〉 [조건]을 선택합니다.

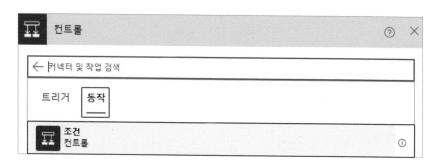

17. 그림과 같이 조건 카드가 나타나고 [예인 경우], [아니요인 경우] 두 가지 흐름이 나타납니다.

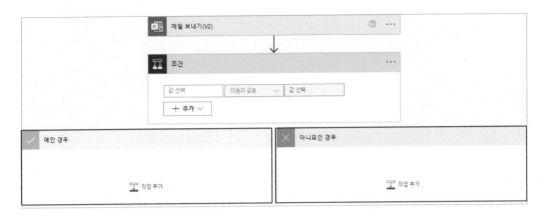

18. 조건 카드부터 설정해 봅시다. 교육 만족도 설문 결과가 4점 미만인 설문에 대해서 이메일을 보내는 것이므로 조건 카드 왼쪽 칸에 [동적 콘텐츠 추가]를 이용하여 [응답 세부 정보 가져오기] 〉 [교육만족도를 클릭해 주세요]를 선택하고 오른쪽에는 '4'를 입력하고 가운데에는 [다음보다 작음]을 선택합니다.

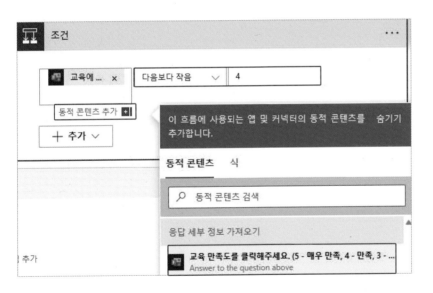

19. 추가해야 할 작업이 있습니다. 동적 콘텐츠로 추가된 '교육 만족도를 클릭해 주세요'는 사실 텍스트입니다. 따라서 숫자 값인 '4'와는 비교가 되지 않기 때문에 오류가 발생하므로 다시 설정해야 합니다. 기존 [교육만... x]의 [x]를 클릭하여 삭제하고 다시 한번 [동적 콘텐츠 추가]를 클릭해서 식에서 'int( )'를 입력하고 ( ) 안에 '교육 만족도를 클릭해 주세요'를 클릭한 후 [확인]을 클릭하면 됩니다.

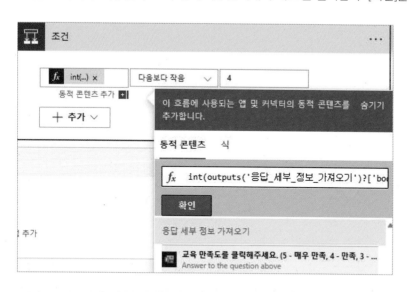

✔TIP int( ) 함수는 텍스트를 정수로 바꿔주는 함수입니다.

20. 이제 조건(교육 만족도가 4점 미만이 설문)에 맞는 설문이라면 [예인 경우]로 흐름이 작동됩니다. 이런 조건에 이메일을 보낼 것이므로 [예인 경우] 카드 안의 [작업 추가]를 클릭합니다.

21. 작업 선택에서 [Office 365 Outlook]의 [동작] 〉 [메일 보내기(V2)]를 클릭합니다.

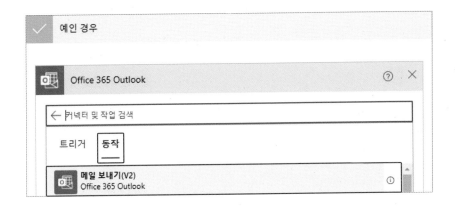

22. [받는 사람]에는 강사님 이메일 주소를 입력하고, [제목]과 [본문]은 [동적 콘텐츠 추가]를 활용하여 적당히 작성하면 됩니다.

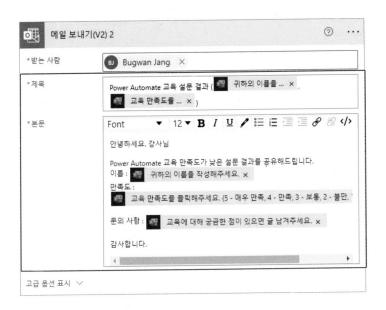

23. 전체 흐름 작성이 완료되었습니다. Forms 설문에 응답이 제출(트리거)되면 해당 Forms의 응답 세부 정보를 가져오고(첫 번째 동작) 설문 응답자에게 이메일 회신(두 번째 동작)을 하고 조건에 따라 강사에게 이메일 보내기(세 번째 동작)를 하게 됩니다.

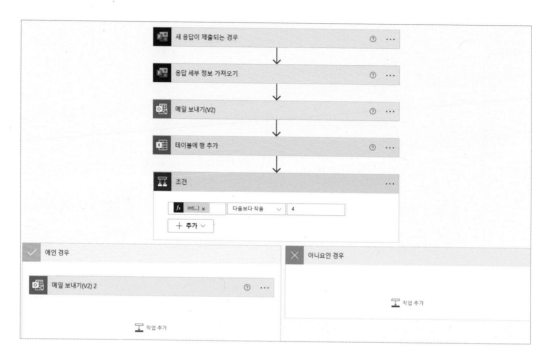

Forms에서 실제 설문을 진행해 봅시다. 정상적으로 흐름이 실행되었나요? 이제 여러분은 Forms 설문 자에게 자동을 설문 응답 이메일을 보내고 설문 조건에 따라 추가 이메일을 보낼 수 있게 되었습니다.

코로나 자가진단 설문 및 엑셀 파일 작성하기

이번 실습에서는 Microsoft 365 Forms 서비스를 활용해서 설문 결과를 엑셀로 자동 저장하고 설문 결과에 따라 응답자에게 이메일을 발송, Teams 채널에 게시하는 흐름을 만들어 보겠습니다. 기존에 고객이나 내부 직원의 요구 사항에 대해 이메일로 수행하던 업무 처리를, Forms를 활용하면 후속 업무가 굉장히 단순해집니다.

이번 시나리오는 회사에서 전사 임직원에게 출근 전 코로나 자가진단을 수행하고 그 결과를 Forms로 접수받는 상황을 가정해 봅시다. Forms를 활용하면 임직원 진단 결과를 신속히 취합할 수 있고 Power Automate를 활용하여 코로나 양성 반응인 임직원에게는 대응 안내 이메일을 보내고, 담당 부서 Teams에 해당 내용을 게시하는 시나리오입니다. 첫 번째 할 작업은 Microsoft Forms 홈페이지에서 코로나 자가진단 결과를 접수하는 설문을 만들어 봅시다.

01. Forms 홈페이지(https://forms.office.com)에 로그인 후 새로운 설문을 만들기 위해 상단의 [새 양식]을 클릭합니다.

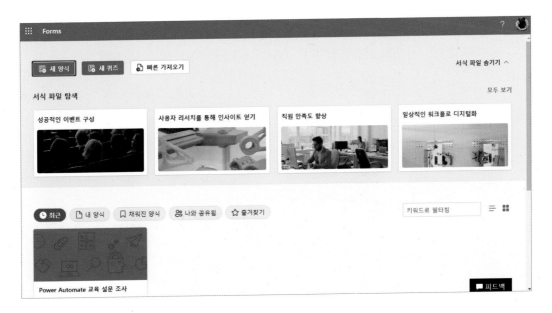

02. 설문 작성하는 페이지가 나타납니다. [제목 없는 양식]을 클릭하여 설문 제목을 입력합니다. 저는 '코로나 자가진단 결과'라고 입력했습니다.

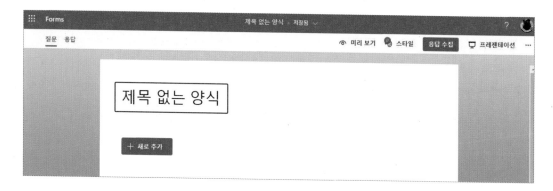

03. 첫 번째 설문은 설문 응답자의 이름, 두 번째 설문은 이메일 주소를 입력 받을 예정입니다. 두 설문 모두 [텍스트]를 선택해서 추가하고 필수로 설정해 주세요.

04. 세 번째 설문은 자가진단 결과를 입력하는 설문입니다. [선택 항목]을 클릭합니다.

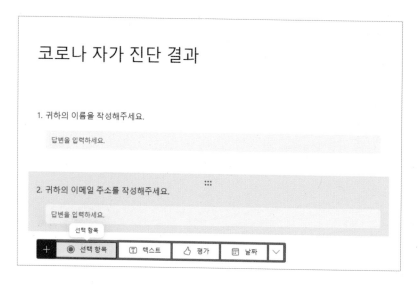

05. 질문에 '코로나 자가진단 결과를 선택해 주세요'라고 입력하고 [옵션 1]에는 '양성', [옵션 2]에는 '음성'을 입력합니다. [필수]도 체크해 주세요.

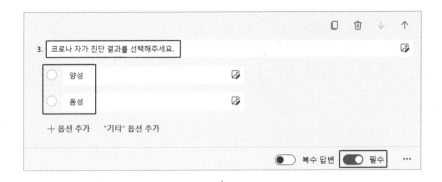

06. 간단한 설문 내용 작성은 마쳤습니다. 사외에서도 설문 조사에 응답할 수 있도록 오른쪽 상단 […]을 클릭한 후 [설정]을 선택합니다.

07. 이 양식을 작성할 수 있는 사람에서 [모든 사람이 답할 수 있음]을 선택합니다. 이제 Forms 설문 작성은 끝났습니다.

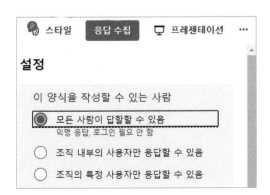

08. 이제 Forms 설문 결과를 저장할 수 있는 엑셀 파일을 만들어 봅시다. Excel Online으로 접속하고 새 통합 문서에서 그림과 같이 '일시', '이름', 'Email', '자가진단 결과'라고 행을 입력합니다.

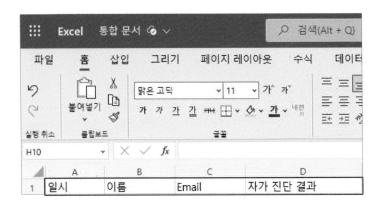

✔ TIP   Excel Online 접속 방법은 Chapter 05 〉 Section 01을 참고해 주세요.

09. [A1 : D1] 영역을 선택하고 리본 메뉴의 [삽입] 〉 [테이블]을 클릭합니다.

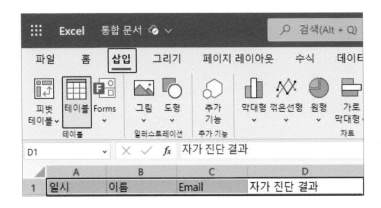

10. [테이블 만들기] 창이 나타나면 [표에 머리글이 있습니다]를 체크하고 [확인]을 클릭합니다.

11. 리본 메뉴의 [표 디자인] 〉 [속성]의 [표 이름]에서 이름을 '진단결과'로 변경합니다. 표 이름이 '진단결과'라는 것을 기억하세요.

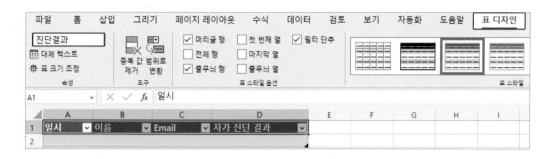

12. 이제 엑셀 파일을 비즈니스용 OneDrive에 저장하고자 합니다. 그림과 같이 상단의 [통합 문서]를 클릭하여 파일 이름에 '코로나자가진단결과'라고 입력합니다. 이제 Forms 설문과 설문 결과를 저장할 엑셀 파일까지 작성을 완료했습니다.

Section 04
안내 메일 발송 및
Teams 채널 게시 흐름 만들기

Microsoft 365 Forms 설문과 설문 결과를 저장할 엑셀 파일이 준비되었습니다. 이제 코로나 자가진단 결과를 엑셀 파일에 저장하고 양성인 경우에만 양성자에게만 안내 메일을 발송하는 흐름을 만들어 보겠습니다. 추가하여 양성자 정보는 EHS 담당부서에 Teams 채널에 게시하는 흐름을 작성하겠습니다.

01. Power Automate 홈페이지(https://make.powerautomate.com)에 로그인 후 왼쪽 메뉴의 [만들기]를 클릭하고 [시작(처음부터)] 〉 [자동화된 클라우드 흐름]을 클릭합니다.

> ✔TIP 흐름을 작성하고 각 동작의 오른쪽 상단의 메뉴를 클릭하면 다양한 기능이 보입니다. [Add a note]를 선택하면 해당 동작에 설명을 추가할 수 있습니다. 메뉴를 클릭해서 다른 어떤 기능이 있는지 살펴보세요.

02. [자동화된 클라우드 흐름 빌드] 창에서

① 흐름 이름 : '14 코로나 자가진단' 입력
② 흐름 트리거 선택 : [새 응답이 제출되는 경우 Microsoft Forms] 선택 후 [만들기] 클릭

03. 화면이 전환되면서 가운데에 [새 응답이 제출되는 경우] 트리거가 나타납니다. 오른쪽 상단의 [새 디자이너]를 해제하면 흐름 작성 페이지가 기존 작업 환경으로 변경됩니다.

04. 첫 번째 할 작업은 트리거로 작동할 설문을 지정하는 작업입니다. [양식 ID] 드롭 박스 메뉴(☑) 를 클릭하여 이전에 작성했던 '코로나 자가진단 결과'를 선택합니다.

05. 하단의 [+ 새 단계]를 클릭하여 첫 번째 할 작업은 Forms의 응답 정보를 가져오는 동작입니다. 작업 선택에서 [Microsoft Forms]를 클릭합니다.

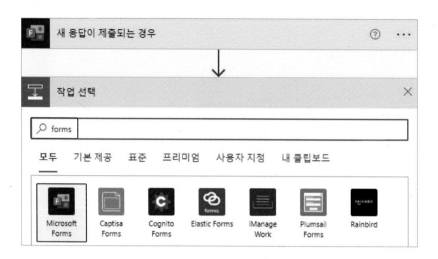

✓ TIP   Forms가 찾기 어려우면 검색에서 'forms'를 검색하면 쉽게 찾을 수 있습니다.

06. Microsoft Forms에 선택할 수 있는 동작은 [응답 세부 정보 가져오기] 밖에 없습니다. 해당 동작을 선택합니다.

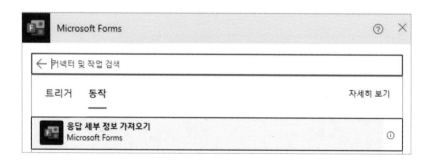

07. [응답 세부 정보 가져오기]에서 [양식 ID]는 '코로나 자가진단 결과'를 선택하고 [응답 ID]는 [동적 콘텐츠 추가]를 이용하여 [새 응답이 제출되는 경우] 〉 [응답 ID]를 클릭합니다.

08. Forms 설문 결과를 엑셀 표에 추가하는 동작을 추가합니다. 하단의 [+ 새 단계]를 클릭하고 작업 선택에서 [Excel Online (Business)]를 클릭합니다.

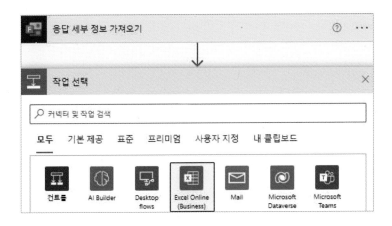

09. 엑셀 표에 행을 추가하는 동작은 테이블에 행 추가입니다. [Excel Online (Business)]의 [동작] 〉 [테이블에 행 추가 Excel Online (Business)]를 클릭합니다.

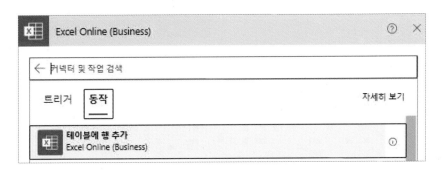

10. [테이블에 행 추가] 동작에는 '위치, 문서 라이브러리, 파일, 테이블'이 필수 설정 항목입니다. 하나씩 설정해 봅시다. 우선 이전에 엑셀 파일을 어디에 저장했는지 기억하나요? [위치]는 'OneDrive for Business'로 설정하고, [문서 라이브러리]는 'OneDrive'로 설정합니다. [파일]은 [파일 탐색기(⬚)]를 클릭한 후 '코로나자가진단결과.xlsx' 파일을 선택합니다.

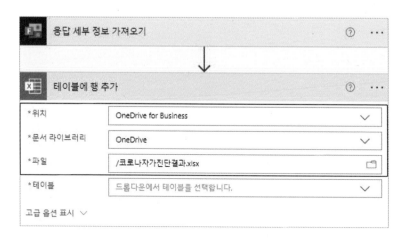

11. [테이블]에는 드롭 다운 메뉴(∨)를 클릭하여 표 이름 '진단결과'를 선택하면 앞서 엑셀에 작성했던 열이 나타납니다. [일시]는 [동적 콘텐츠 추가]를 이용하여 [응답 세부 정보 가져오기] 〉 [Submission time]을 선택합니다. 나머지 항목들도 그림과 같이 [동적 콘텐츠 추가]를 이용하여 추가합니다.

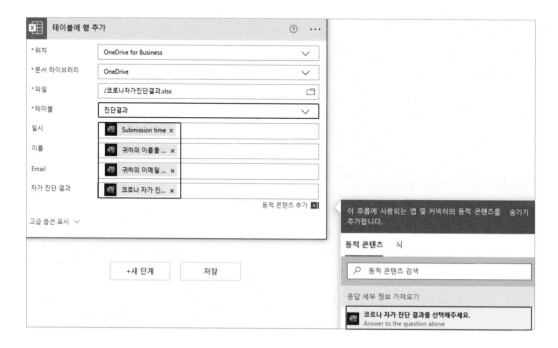

12. 자가진단 결과가 양성인 응답자에게는 안내 이메일을 보내고자 합니다. 하단의 [+ 새 단계]를 클릭하고 작업 선택에서 [컨트롤]의 [동작] 〉 [조건]을 클릭합니다.

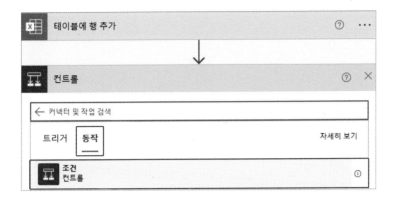

13. 조건 박스 왼쪽에는 [동적 콘텐츠 추가]를 이용하여 [응답 세부 정보 가져오기] 〉 [코로나 자가진단 결과를 선택해 주세요]를 선택합니다. 자가진단 결과가 양성일 경우이므로 가운데 [다음과 같음]을 선택하고 오른쪽에 '양성'이라고 입력합니다.

14. 자가진단 결과가 양성으로 체크한 설문이라면 [예인 경우]로 흐름이 작동됩니다. 이런 조건에 메일을 보낼 것이므로 [예인 경우] 카드 안의 [작업 추가]를 클릭하고, 작업 선택에서 [Office 365 Outlook]의 [동작] 〉 [메일 보내기(V2) Office 365 Outlook]을 클릭합니다.

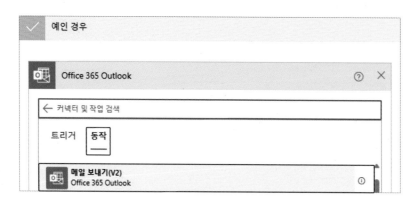

15. [받는 사람]은 [동적 콘텐츠 추가]를 이용하여 [Email 주소를 입력해 주세요.]를 선택하고 [제목]과 [본문]은 [동적 콘텐츠 추가]를 활용하여 그림과 같이 작성하면 됩니다.

16. 다음 단계는 Teams 채널에 코로나 진단 결과를 공유해 봅시다. 여러분이 속해 있는 부서 Teams 채널에 코로나 진단 결과를 바로 공유하게 되면, 기존 이메일로 공유하는 방식보다 보다 효과적으로 정보를 전달하게 되어 불필요한 소통 시간을 단축할 수 있습니다. [이메일 보내기(V2)] 동작 아래에 [작업 추가]를 클릭하고, 작업 선택에서 [표준] > [Microsoft Teams]를 클릭합니다.

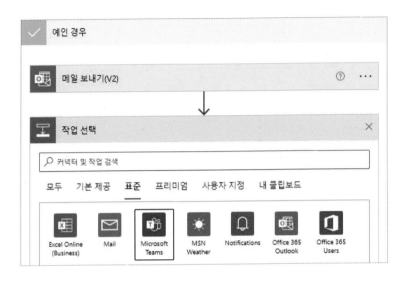

17. [Microsoft Teams]의 [동작] > [채팅 또는 채널에서 메시지 게시 Microsoft Teams]를 클릭합니다.

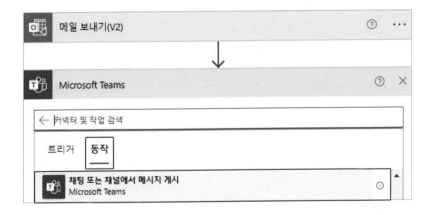

18. 메시지 게시 동작을 살펴봅시다. [다음으로 게시]에는 '흐름 봇'을 선택하고 메시지를 Teams 채널에 게시할 것이므로 [게시 위치]는 'Channel'을 선택합니다.

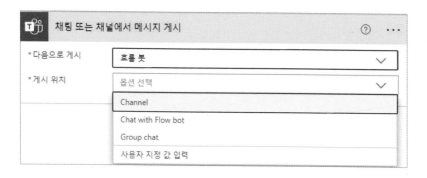

19. 'Channel'을 선택하면 하단에 'Team, Channel, Message'가 나타납니다. 필자는 사전에 [Team]과 [Channel]을 생성했기에 그림과 같이 지정했습니다. 여러분은 각자의 [Team]과 [Channel]을 선택하면 됩니다. [Message]는 그림과 같이 [동적 콘텐츠 추가]를 이용하여 메시지 내용을 입력합니다.

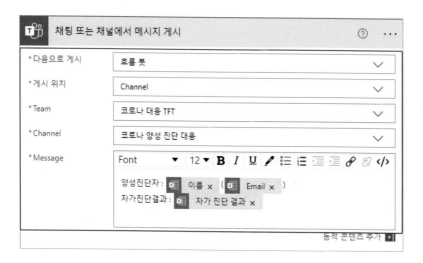

20. 모든 흐름 작성이 완료되었습니다. 흐름을 저장하고 Forms 설문 미리 보기를 클릭해서 응답해 봅시다. 응답하면 우선 엑셀에 해당 응답 내용이 저장되고 응답 결과 조건(양성)에 따라 응답자에게 안내 이메일을 보내고 Teams 채널에 양성 응답자에 대한 정보를 게시하게 됩니다.

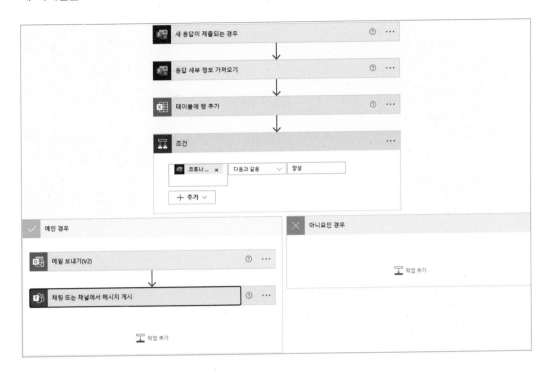

실제로 Forms에 설문하고 엑셀과 이메일, Teams 채널에 게시가 잘 되는지 확인해 봅시다.

| 신청 작업 자동화하기

이번 Chapter에서는 Microsoft 365 Forms 서비스를 활용해서 신청과 관련된 작업을 자동화하는 방법을 살펴봤습니다. Forms와 관련된 업무 자동화 사례를 살펴봅시다.

- 설문 결과 수신 및 정리 : Forms를 통해 설문 결과를 엑셀로 정리하고 조건에 따라 이메일 또는 Teams 채널에 게시할 수 있습니다. 이번 Chapter에서 실습했습니다.

- 신청 업무 및 대응 : 교육 만족도와 같은 설문 외에도 계정 신청, 사용자 문의 접수 등에도 Forms를 활용합니다. 이런 신청 업무는 업무 내용에 따라 담당 부서에 자동으로 이메일을 회신하고 해당 문의 내용을 별도 저장하여 향후 FAQ 작성에 활용되기도 합니다.

- 교육(이벤트) 등록 접수 및 준비 : 교육이나 이벤트 등록 접수에도 Forms와 Power Automate를 연동하면 등록 인원 저장 및 관리를 자동화할 수 있습니다. 예를 들면, 등록 인원이 마감되면 이후 신청자에게 자동으로 마감 안내 이메일을 보낼 수 있고 엑셀로 저장된 명단을 활용하여 사전 알림 이메일을 보내거나 교육(이벤트) 당일 출석부를 자동으로 만들 수 있습니다.

- 시설물 관리 : Forms의 QR 코드 출력 기능을 활용하면 시설물 점검에 Forms를 활용할 수 있습니다. Forms를 활용하면 시설물 점검 일시가 명확하고 점검 결과를 실시간으로 저장할 수 있고 엑셀이나 Power BI와 연계하여 시설물 점검 결과를 분석 보고서로 자동 작성할 수 있습니다.

위는 Microsoft Forms를 활용하여 업무 자동화를 구현한 사례입니다. 여러분도 Power Automate를 통하여 신청 관련 업무의 효율을 높이기를 바랍니다.

MEMO

협업 업무 시스템 만들기

회사에서는 팀원들과 정보를 공유하고 관리하는 업무들이 많습니다. 간단하게 고객 연락처를 공동으로 작성하여 공유하거나 팀 내 경비 집행 내역, 프로젝트 진척 상황 공유 등 많은 업무가 서로 정보를 공유하고 협의를 진행하게 됩니다. 지금까지 이러한 업무는 담당자가 Excel 파일로 작성하고 이메일이나 전화, 구두로 새로 업데이트된 내용을 들으면 Excel에 업데이트하는 방식으로 이루어졌습니다. 이런 방식으로 업무를 진행하다 보면 담당자는 새로운 이벤트가 발생할 경우, Excel 업데이트와 이메일 공유하는 업무를 지속해서 반복 수행해야 하고 팀원들은 최신 현황을 파악하기 위해서 긴 시간이 걸리고 때때로 최신 정보를 미처 확인하지 못하여 업무에 혼돈이 발생하기도 합니다.

Microsoft는 팀원들이 업무 정보를 손쉽게 작성하고 공유할 수 있도록 Lists 라는 서비스를 만들었습니다. Microsoft Lists는 스마트 정보 추적(Smart Information Tracking) 서비스로 웹 기반의 간단한 목록 파일을 작성하여 회사 내 다른 직원과 실시간 공유하는 서비스입니다. 공유받은 임직원이 목록을 업데이트하면 실시간으로 동기화되어 다른 임직원들도 최신 정보를 자동으로 업데이트 받게 되고 모바일 앱에서도 확인이 가능하여 언제 어디서나 정보 공유가 쉽습니다. 특히 Microsoft 365 사용자의 경우, Microsoft Lists를 추가 비용 없이 활용할 수 있으므로 Power Automate와 연계하여 다양한 서비스를 제공하는 업무 협업 체계를 구축할 수 있습니다.

이번 Chapter에서는 Microsoft Lists를 활용하여 정보를 등록하는 방법과 승인 커넥터를 활용하여 부서장이 결재 업무까지 적용하는 방법을 알아보겠습니다.

코로나 자가진단 흐름 Lists에 추가 저장하기

Chapter 07에서 작성했던 '코로나자가진단결과.xlsx' 파일을 기억하나요? 지난 Chapter에서는 Forms 설문 조사 결과를 OneDrive의 엑셀 파일로 저장하고 설문 응답 중 코로나 양성 진단받은 응답자에게 안내 이메일을 보내는 클라우드 흐름을 작성했었습니다.

이번에는 동일한 설문 조사 결과를 EHS팀원이 같이 활동하는 Teams 공간에 Microsoft Lists에 추가 저장하는 시나리오입니다. 해당 Teams의 명칭은 '코로나 대응 TFT'입니다. Microsoft Lists는 웹으로 구성되어 있고 전용 모바일 앱이 있어 Teams 멤버가 쉽게 접속해서 바로 조치 결과를 작성하고 업데이트할 수 있습니다. 일시, 이름, Email 주소, 자가진단 결과, EHS팀 조치사항으로 구성된 코로나 자가 진단 결과 Microsoft Lists부터 작성해 봅시다.

01. Microsoft 365 홈페이지(https://www.office.com)에 로그인 후 [앱 시작 관리자](▦)를 클릭하고 [Lists]를 클릭합니다.

✔ TIP   [Lists]가 보이지 않으면 [모든 앱 탐색]을 클릭합니다.

02. Microsoft Lists 홈페이지가 나타나면, 상단 [+ 새 목록]을 클릭합니다.

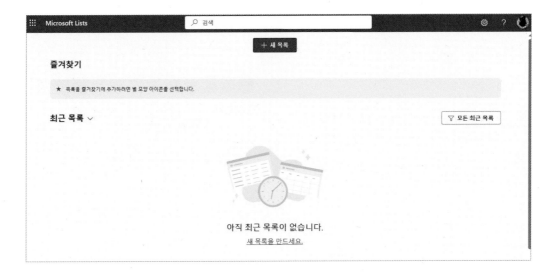

03. [목록 만들기] 창에서 [빈 목록]을 클릭합니다.

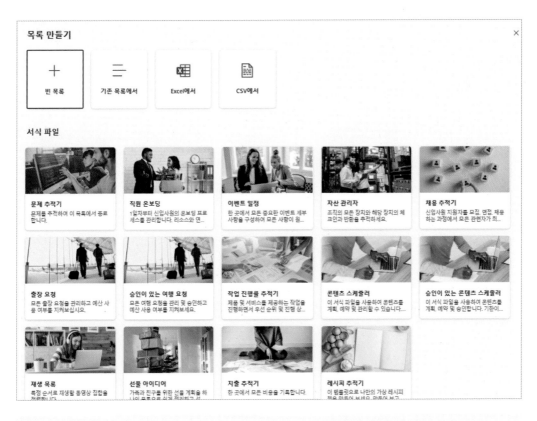

✔ TIP 서식 파일은 Microsoft에서 사전에 만들어 놓은 것으로 Lists를 실제 업무에 어떻게 활용할 수 있는지 살펴볼 수 있습니다. 관심 있는 사항을 클릭해서 확인해 보기 바랍니다.

04. [이름]에 '코로나 자가진단 결과'를 입력하고, 색상과 아이콘을 적절하게 선택합니다. 그리고 [저장 대상]은 '코로나 대응 TFT'를 선택한 후 [만들기]를 클릭하면 그림과 같이 목록이 생성된 것을 확인할 수 있습니다.

✔ TIP 만약 여러분이 특정 Teams 멤버라면 해당 Teams 명칭을 저장 대상으로 지정하면 됩니다. 만약 특정 Teams 에 속하지 않으면 '내 목록'을 선택해 도 됩니다.

05. 다음 단계로 제목을 제외한 4개의 열(Date, Email Address, Self-Diagnosis Result, EHS Actions)을 만듭니다. 첫 번째로 [일시]부터 만들기 위해 [+ 열 추가]를 클릭하고 [날짜 및 시간]을 선택한 후 [다음]을 클릭합니다.

06. 웹 페이지 오른쪽에 [열 만들기] 창이 나타납니다. [이름]에 'Date'를 입력하고, [설명]에는 '일시', [시간 포함]에 체크한 후 [저장]을 클릭합니다. 최초 열을 만들 때에는 열 이름을 영어로 작성하는 것이 좋으며, 나중에 한글로 변경할 수 있습니다.

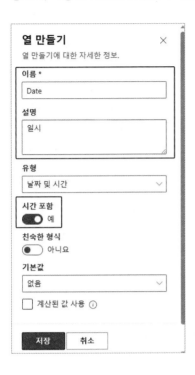

07. 다음 단계로 [Email Address]라는 열을 만듭니다. 다시 한번 [+ 열 추가]를 클릭하여 [텍스트]를 선택하고 [다음]을 클릭합니다.

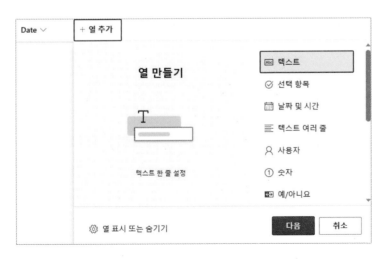

08. [열 만들기] 창의 [이름]에 'Email Address'를 입력하고 [저장]을 클릭합니다.

09. 다음 단계로 [Self-Diagnosis Result]라는 열을 만듭니다. [Email Address]와 동일하게 [+ 열 추가]를 클릭하여 [텍스트]를 선택하고 [열 만들기] 창에서 이름은 'Self-Diagnosis Result'를 입력한 후 [저장]을 클릭합니다. 위와 동일한 방식으로 [+ 열 추가]를 클릭하여 이번에는 [텍스트 여러 줄]을 선택하고 [열 만들기] 창에서 이름에 'EHS Actions'를 입력하고 [저장]을 클릭하면 이제 코로나 자가진단 결과 목록을 위한 모든 열이 작성되었습니다.

✔ TIP 코로나 자가진단 결과 옆에 별 마크(★)를 클릭하면 즐겨찾기가 활성화되어 나중에 찾기 편리합니다.

10. 다음은 각 열의 이름을 영어에서 한글로 수정합니다. [제목] 열을 클릭하면 메뉴가 나타납니다. [열 설정] 〉 [이름 바꾸기]를 클릭합니다.

11. [열 이름 바꾸기] 창에서 [이름]에 영어 이름을 입력하고 [저장]을 클릭합니다.

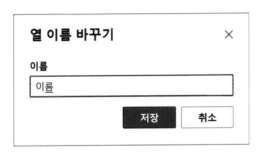

✓ TIP 열 이름 바꾸기를 활용해서 기존의 영어 이름을 한글로 바꿀 수 있습니다.

Section 02 코로나 자가진단 흐름 설정 변경하기

이제 지난 Chapter 07에서 만들었던 코로나 자가진단 흐름을 수정해서 Forms 신청 내용을 Lists에 저장하도록 설정을 변경해 봅시다.

01. Power Automate 홈페이지(https://make.powerautomate.com)에 로그인 후 왼쪽 메뉴의 [내 흐름]을 클릭하고 [클라우드 흐름] 〉 [14 코로나자가진단]을 선택합니다. 그리고 상단의 메뉴에서 [다른 이름으로 저장]을 클릭합니다.

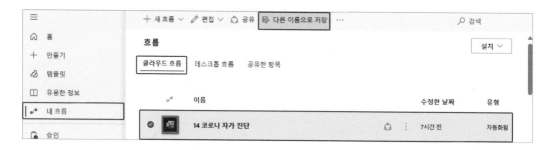

02. [이 흐름의 복사본 만들기] 창에서 흐름 이름을 '15 코로나자가진단List'로 작성하고 [저장]을 클릭합니다.

03. 복사본으로 만든 흐름은 기본적으로 해제되어 있어 작동하지 않습니다. 흐름을 수정하기 위하여 흐름의 [자세한 명령](⋮)을 클릭하고 [편집]을 클릭합니다.

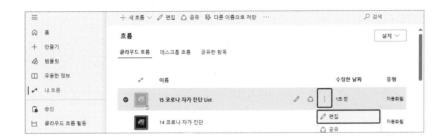

04. 복사본으로 만든 흐름은 기존 흐름에서 복사해서 만들었기에 이미 흐름이 완성되어 있습니다. 오른쪽 상단의 [새 디자이너]를 해제하면 흐름 작성 페이지가 기존 작업 환경으로 변경됩니다.

05. 우리는 조건 하단에 [예인 경우] 하단에 List에 행을 추가하는 작업을 추가하고자 합니다. 조건을 클릭합니다. [예인 경우]의 안의 [작업 추가]를 클릭합니다.

06. Lists 동작을 추가하려면 [SharePoint] 커넥터를 선택하면 됩니다. 검색 창에서 'SharePoint'를 검색하여 [SharePoint]를 클릭합니다.

07. [SharePoint]의 [동작] 〉 [항목 만들기 SharePoint]를 클릭합니다.

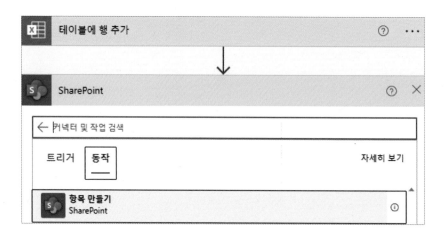

✔ TIP SharePoint의 항목 만들기는 Lists에 항목을 만드는 동작입니다. 엑셀의 테이블 행 추가와 같은 동작이라고 생각하면 됩니다. SharePoint에서 파일을 만들려면 파일 만들기 동작을 선택하면 됩니다.

08. [항목 만들기]에는 Microsoft Lists 목록 URL과 목록 이름을 선택해야 합니다. [사이트 주소]의 옵션 표시 메뉴를 클릭하여 살펴보면 여러 Teams 주소를 확인할 수 있습니다. '코로나 대응 TFT'를 선택하고 [목록 이름]은 만든 작성한 '코로나 자가진단 결과'를 선택합니다.

✔ TIP 내 목록을 선택한 경우, [사용자 지정 값 입력]을 클릭하여 내 목록의 URL을 입력하면 됩니다.

09. [항목 만들기] 동작에 [제목], [Date], [Email Address], [Self-Diagnosis Result], [EHS Actions]이 나타납니다. 하나씩 [동적 콘텐츠 추가]를 이용해서 그림과 같이 추가하고 [Self-Diagnosis Result]에는 '양성'이라고 작성합니다.

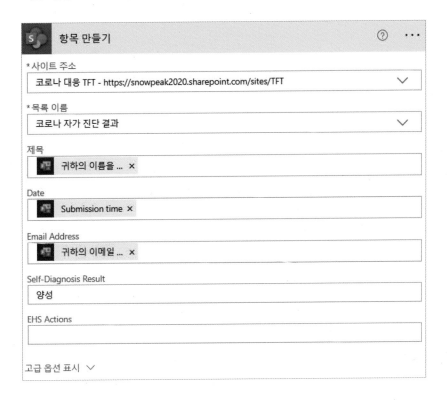

10. 이제 흐름 추가는 완료했습니다. 하지만 해당 흐름은 아직 작동하지 않습니다. [저장]을 하고 상단의 🔁를 클릭하여 상세 페이지로 돌아가서 상단 메뉴의 [설정]을 클릭하여 해당 흐름이 작동하도록 변경합니다.

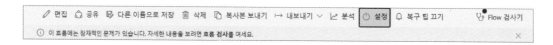

11. 다시 한번 코로나 자가진단 결과에 설문 응답하고 Microsoft Lists에도 아래와 같이 입력 값을 확인할 수 있습니다.

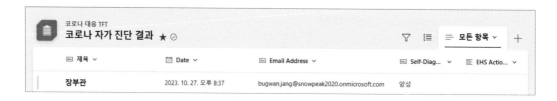

12. 이제 Teams 멤버들이 EHS Actions 사항을 직접 업데이트할 수 있도록 Teams를 설정합니다. Microsoft Teams를 실행하고 코로나 대응 TFT의 일반 채널을 클릭합니다. 해당 채널에 Lists를 추가하려면 파일 탭 옆에 [+]를 클릭합니다.

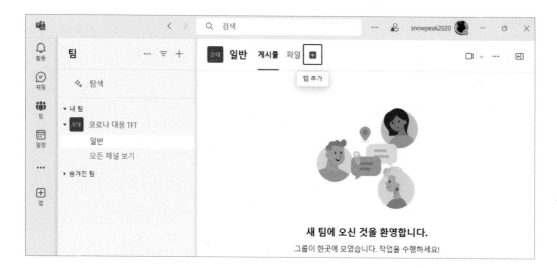

13. 앱 검색 창에서 'Lists'를 검색하여 [Lists]를 선택하고, Lists 창에서 [저장]을 클릭합니다.

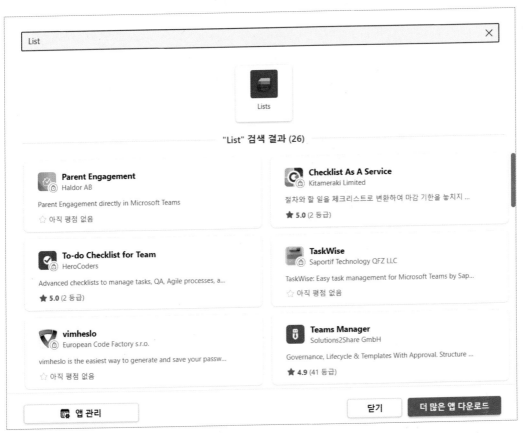

14. 탭에 Lists 앱이 추가되었지만 우리가 작성한 목록은 보이지 않습니다. [기존 목록 추가]를 클릭한 후 [팀에서 목록 선택]에서 '코로나 자가진단 결과'를 선택합니다.

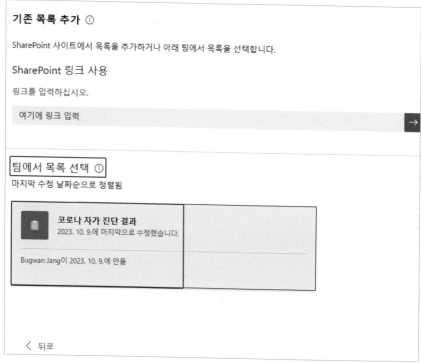

15. 탭으로 Lists가 등록되었습니다. 이제 EHS 팀원들은 코로나 양성 진단자가 등록하면 바로 누구인지 확인할 수 있고, 해당 조치 사항을 [EHS Action]에 입력하여 진행 사항도 같이 공유할 수 있게 됩니다.

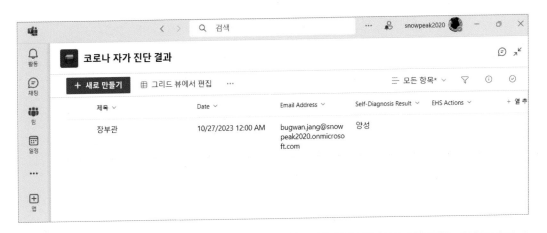

✔TIP SharePoint List에는 메모 기능이 있습니다. 추가 업데이트할 내용이 있으면 메모 기능을 사용해서 댓글을 남길 수 있습니다. 추가로 멘션 @ 기능을 사용하면 상대방에게 알림이 가서 상대방이 바로 확인할 수 있습니다.

두 번째로 Microsoft Lists를 활용하여 근태 목록을 작성해 봅시다. 하지만 근태에는 기존 코로나 자가 진단 결과 등록과 다르게 승인이라는 절차가 필요합니다. 일반적인 회사에서는 다음 주 휴가를 가려면 사전에 휴가 신청을 올리고 팀장의 승인을 받아야 합니다.

Microsoft Lists를 활용하여 간단한 근태 목록을 만들고 여기에 Power Automate 승인 커넥터를 활용하여 팀원이 근태 신청을 올리면 팀장이 승인하는 시나리오를 만들어 보겠습니다.

01. Microsoft 365 홈페이지(https://portal.office.com)에 로그인 후 Lists 홈페이지로 이동하고 상단 [+ 새 목록]을 클릭합니다.

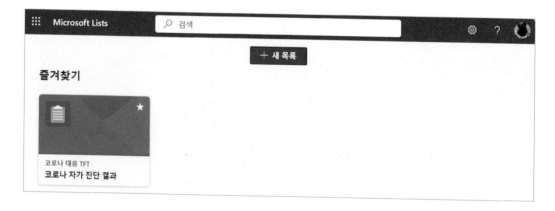

02. [목록 만들기] 창에서 [빈 목록]을 클릭합니다.

03. [이름]은 '근태'를 입력하고 색상과 아이콘을 적절하게 설정합니다. 그리고 [저장 대상]에 Lists 가 생성될 Teams를 선택하고 [사이트 탐색에 표시]에 체크하고 [만들기]를 클릭합니다.

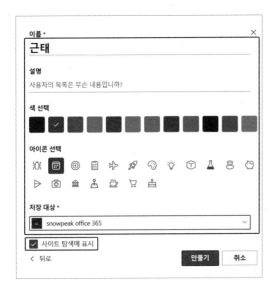

✔ TIP [저장 대상]은 근태 품의를 신청하는 팀원들과 같이 소속되어 있는 Teams를 선택하면 됩니다. 실습에서는 'snowpeak office 365'라는 Teams에 팀원들이 속해 있다고 가정합니다.

04. 그림과 같이 목록이 생성된 것을 확인할 수 있습니다.

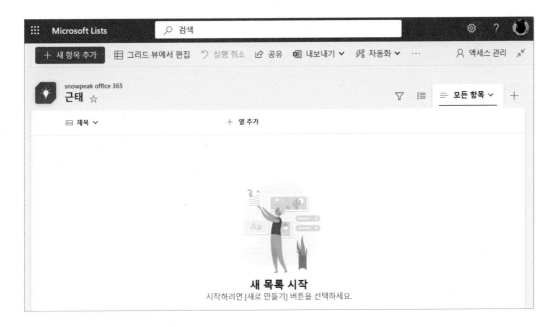

05. 다음 단계로 제목을 제외한 4개의 열(근태 항목, 일시, 승인, 의견)을 생성합니다. 우선 근태 항목을 추가해 봅시다. [+열 추가]를 클릭하고 [선택 항목]을 선택한 후 [다음]을 클릭합니다.

06. 웹 페이지 오른쪽에 [열 만들기] 창이 나타납니다. [이름]에 'Category', [선택 항목]에서 그림과 같이 '연차, 반차(오전), 반차(오후), 재택'을 입력한 후 [저장]을 클릭합니다.

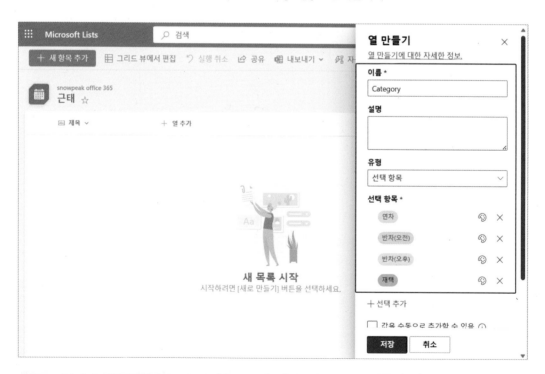

✔TIP 이름은 영문으로 작성하는 것을 권장합니다.

07. 다음 단계로 '일시, 승인, 의견' 열을 만듭니다. 다시 한번 [+ 열 추가]를 클릭하고 아래 유형대로 추가하면 됩니다.

항목	설명	유형
Date	일시	날짜 및 시간
Approval	승인	텍스트
Comment	의견	텍스트 여러 줄

08. 목록을 위한 모든 열 작성이 완료되었습니다. 이제 각 열의 이름을 변경합니다. [제목] 열은 [열 설정] 〉[이름 바꾸기]를 클릭하면 나타나는 [열 이름 바꾸기] 창을 이용합니다.

나머지 열은 [열 설정] 〉[편집]을 클릭하여 [열 편집] 창에서 영어로 된 이름을 한글로 변경하면 됩니다.

✔ TIP 열 이름은 최초 영어로 작성하는 것을 권장합니다. 처음 한글로 작성하는 경우, 한글이 깨져서 나중에 흐름 작성할 때 열 이름을 찾기 어렵습니다. 처음에는 영어로 작성하고 나중에 변경하더라도 처음 작성한 영어 이름을 흐름에 사용할 수 있습니다.

Section 04 근태 승인 흐름 만들기

01. Microsoft Lists 상단의 ⊞을 클릭하여 Power Automate로 이동하고, 왼쪽 메뉴의 [만들기]를 클릭한 후 [시작(처음부터)] 〉 [자동화된 클라우드 흐름]을 클릭합니다.

02. [자동화된 클라우드 흐름 빌드] 창이 나타나고

① 흐름 이름 : '16 근태 승인' 입력
② 흐름 트리거 선택 : [항목이 만들어진 경우 SharePoint] 선택 후 [만들기] 클릭

03. 화면이 전환되면서 가운데에 [항목이 만들어진 경우] 트리거가 나타납니다. 오른쪽 상단의 [새 디자이너]를 해제하면 흐름 작성 페이지가 기존 작업 환경으로 변경됩니다.

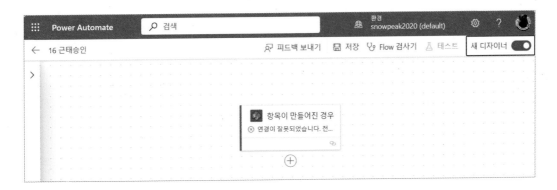

04. [항목이 만들어진 경우]에는 [사이트 주소]와 [목록 이름]을 설정해야 합니다. [사이트 주소]에는 근태 Lists를 생성했던 Teams 주소를 선택하고, [목록 이름]에서 '근태'를 선택합니다.

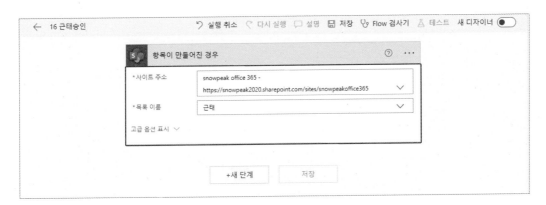

05. 다음 단계는 승인 관련된 동작을 추가하면 됩니다. Power Automate에는 '승인'이라는 커넥터가 그 역할을 수행합니다. [+ 새 단계]를 클릭하여 작업 선택에서 [승인]을 클릭합니다.

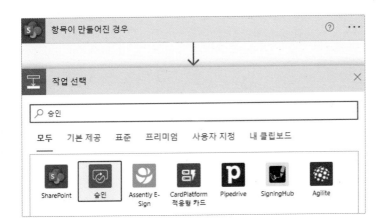

06. [승인]에서 [동작] 〉 [승인 시작 및 대기]를 클릭합니다.

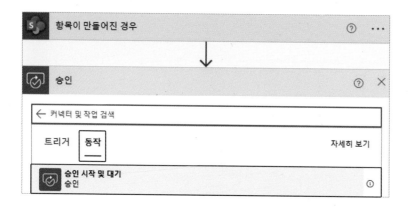

07. [승인 시작 및 대기] 동작을 설정해 봅시다. [승인 형식]은 여러 가지 승인 유형 중 '승인/거부 – 첫 번째로 응답'을 선택합니다.

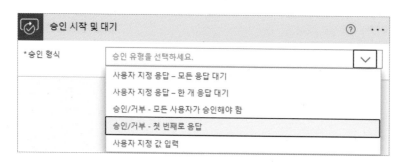

08. [승인 형식]을 선택하면 '제목, 할당 대상'을 필수 설정해야 합니다. 그림과 같이 [제목]을 설정하고 [할당 대상]은 승인권자(예, 팀장)의 이름 또는 이메일 주소를 입력합니다. [세부 정보]는 [동적 콘텐츠 추가]를 이용하여 그림과 같이 설정합니다.

승인 시작 및 대기	
*승인 형식	승인/거부 - 첫 번째로 응답
*제목	근태 신청합니다.
*할당 대상	Bugwan Jang ✕ ;
세부 정보	📄 제목 ✕ 의 📄 근태항목 Value ✕ (📄 일시 ✕) 신청합니다.
항목 링크	📄 항목 링크 ✕
항목 링크 설명	항목에 대한 링크 설명
고급 옵션 표시 ⌄	

09. 다음 단계는 승인권자가 승인했을 경우, 승인 처리하는 단계입니다. 승인 여부 조건에 따라 다르게 처리해야 되므로 조건 동작을 추가해 줍니다. [+ 새 단계]를 클릭하고 작업 선택에서 [컨트롤]의 [동작] 〉 [조건]을 클릭합니다.

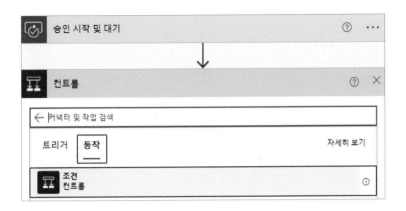

10. [조건] 동작은 특정 값의 선택에 따라 [예인 경우]와 [아니요인 경우]로 흐름이 나눠집니다. 이런 조건을 활용해서 승인 프로세스를 만들게 됩니다. [조건] 동작의 왼쪽 값 선택에 [동적 콘텐츠 추가]를 이용하여 승인 시작 및 대기 동작의 [결과]를 클릭하고 중간에는 [다음과 같음]으로 선택하고 오른쪽에는 'Approve'라고 입력합니다.

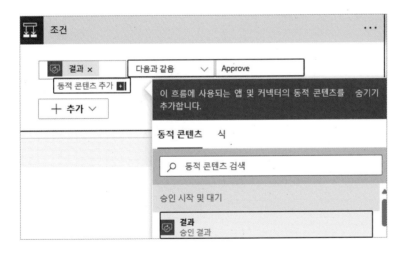

11. 결재권자가 승인(Approve)한 경우, 다음 동작은 근태 Lists에 승인되었다고 업데이트하는 동작입니다. 예인 경우 박스 안에 [작업 추가]를 클릭하고 작업 선택에서 [SharePoint]의 [동작] 〉 [항목 업데이트 SharePoint]를 클릭합니다.

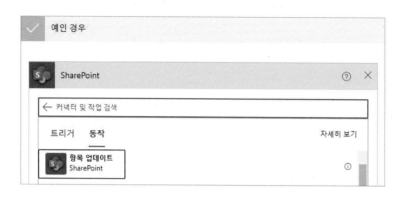

12. [항목 업데이트]에서 '사이트 주소, 목록 이름, ID'이 필수 항목입니다. [사이트 주소]는 기존 Teams 주소를 다시 한번 선택하고, [목록 이름]은 '근태'를 선택합니다. [ID]와 [제목]은 [동적 콘텐츠 추가]를 이용하여 항목이 만들어진 경로에서 얻은 동적 콘텐츠 [ID]와 [제목]을 각각 추가합니다.

13. [승인]과 [의견]은 필수 항목은 아니지만 승인 결과를 업데이트해야 하므로 [승인]에는 '승인'이라고 입력하고, [의견]은 [동적 콘텐츠 추가]를 이용하여 [응답 주석]을 선택합니다.

✓ TIP [응답 주석]을 추가하면 각각에 적용 동작이 나타나서 항목 업데이트 동작을 포함하는 형태가 됩니다. 이것은 응답이 여러 개일 경우 '각각 응답에 대해 항목을 업데이트하겠다'는 의미입니다. 우리는 승인을 한 명이 하는 구조이므로 무시해도 됩니다.

14. Lists에 항목을 업데이트 후, 신청자에게 메일을 보내는 작업을 추가해 봅시다. [항목 업데이트] 동작 하단의 [작업 추가]를 클릭하고 [Office 365 Outlook]의 [동작] 〉 [메일 보내기(V2)]를 클릭합니다. [메일 보내기(V2)]의 [받는 사람]에는 [동적 콘텐츠 추가]를 이용하여 [항목이 만들어진 경우] 〉 [만든 사람 Email]을 선택합니다.

✓ TIP 동적 콘텐츠를 살펴보면 [만든 사람 Email]이 '항목 업데이트'와 '항목이 만들어진 경우' 두 곳에서 제공됩니다. '항목이 만들어진 경우'가 신청자가 신청한 것이므로 [항목이 만들어진 경우] 〉 [만든 사람 Email]을 선택합니다.

15. [이메일 보내기(V2)]의 [제목]과 [본문]도 그림과 같이 [동적 콘텐츠 추가]를 이용하여 사용자 맞춤형으로 작성할 수 있습니다.

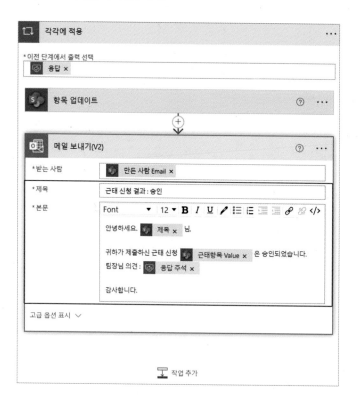

16. [예인 경우]를 작성하였으니, 이제 [아니요인 경우]도 작성해 봅시다. [예인 경우]와 동일하게 작업 추가를 클릭하여 [항목 업데이트]를 추가하면 되지만 좀 더 간단한 방법을 사용해 봅시다. 기존의 [항목 업데이트] 동작의 ⋯를 클릭하여 [내 클립보드에 복사(프리뷰)]를 선택합니다.

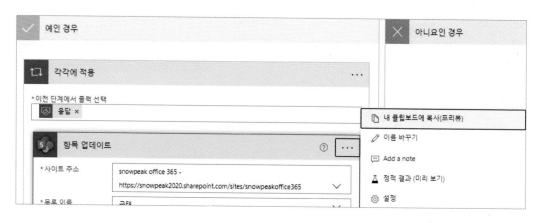

17. [아니요인 경우]의 [작업 추가]를 클릭하고 작업 선택에서 [내 클립보드]를 클릭하면 항목 업데이트가 보입니다. [항목 업데이트]를 클릭해 주세요.

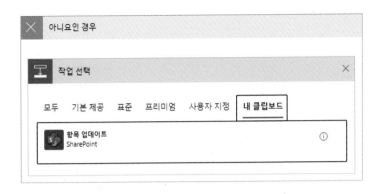

18. 동작의 이름은 자동으로 '항목 업데이트 2'로 변경됩니다. [항목 업데이트 2] 동작을 작성해 봅시다. 승인이 거절된 경우이므로 [승인]에 '거절'이라고 작성하고 [의견]에 [동적 콘텐츠 추가]를 이용하여 [응답 주석]을 선택해 주세요. 응답 주석이 추가되면 이 동작에도 [각각에 적용] 동작이 적용됩니다.

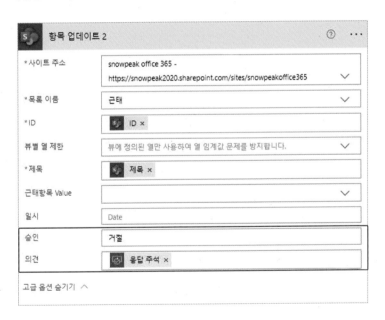

19. [항목 업데이트 2]에서 [작업 추가]를 클릭하여 [메일 보내기(V2)]를 선택해서 '받는 사람, 제목, 본문'을 동일하게 입력하면 흐름 작성이 완료됩니다.

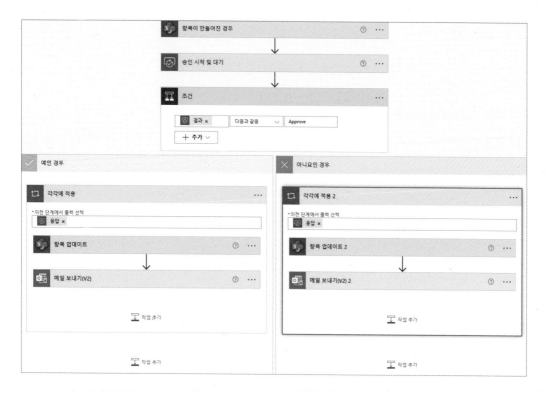

✔ TIP 동작의 제목이 모두 비슷한 경우, 나중에 동적 콘텐츠 추가하거나 오류가 발생하는 경우, 혼란스러운 부분이 발생합니다. 따라서 동작의 제목을 변경하는 것을 권장합니다.

✔ TIP 흐름이 실행되면 얼마나 유지될까요? 흐름은 시작된 후 30일까지만 유지됩니다. 따라서 근태 승인자가 30일 내 승인하지 않으면 흐름 실패가 발생하게 되므로 승인자에게 사전 안내하는 것이 필요합니다.

이제 근태 Lists에 근태 신청을 하고 승인 요청하는 전체 과정을 테스트해 봅시다.

01. 근태 Lists로 접속한 후 상단의 [+ 새 항목 추가]를 클릭합니다.

02. [이름]에는 근태 신청자의 이름을 입력하고 [근태항목]에는 '연차', [일시]에는 [달력](📅)을 클릭하여 날짜를 선택하고 [저장]을 클릭합니다. [승인]과 [의견]은 승인권자가 사용하는 필드이므로 입력하지 않습니다.

03. 저장하고 나면 그림과 같이 연차 신청 목록이 업데이트되었습니다.

04. 항목이 만들어지면 자동으로 클라우드 흐름이 작동되고 승인권자는 그림과 같이 이메일을 받게 됩니다.

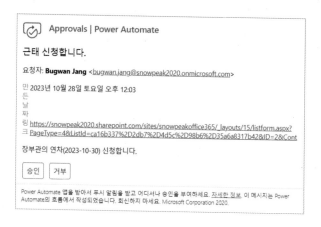

05. 승인권자는 이메일 본문 내 [승인]이나 [거부]를 클릭하면 되고, 주석에 내용을 작성한 후 [제출]을 클릭하면 됩니다.

06. 근태 목록이 그림과 같이 업데이트되고. 근태 신청자에게도 승인 결과 이메일이 발송됩니다.

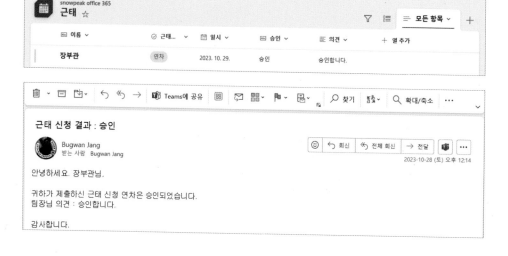

| 협업 시스템 확장하기

이번 Chapter에서는 Microsoft Lists 서비스를 활용해서 업무에서 많이 활용하는 근태, 건강 관리를 체크하고 승인하는 방법을 살펴봤습니다.

....

• 프로젝트 할 일 목록 관리 : 프로젝트는 다수의 많은 인원이 해야 할 업무와 마감 일시를 공유하면서 업무를 수행하게 됩니다. 이러한 할 일 목록을 Lists로 작성하여 관리하면 담당자가 직업 업무 진척 사항을 업데이트할 수 있고 또한 마감 일시에 따라 자동 안내 이메일을 발송할 수 있습니다.

• 자산 관리 : 부서나 회사의 자산 목록도 Lists를 통해 등록하고 관리하면 편리합니다. 각 자산의 담당자를 즉시 확인할 수 있고 다양한 필터링 방법을 통해 자산 현황을 바로 추적할 수 있습니다. 또한 Power BI와 연계하면 자산 관련 보고서도 실시간으로 제공할 수 있습니다.

• 문서 관리 : 사내 문서에 대해서도 Lists를 통해 관리하면 버전 관리 및 문서 승인에 활용할 수 있습니다. 사내 표준 문서나 승인이 필요한 문서의 경우, 승인 커넥터를 통하여 최종 문서로 승인을 받을 수 있고 승인받은 문서의 저장과 배포도 자동으로 이루어질 수 있습니다.

Microsoft Lists와 Power Automate를 연계하여 활용하면 사내의 많은 시스템을 손쉽게 구축할 수 있습니다. 더구나 Power Automate의 다양한 커넥터와 연계하여 SharePoint 나 OneDrive에 문서를 저장하고 이메일로 배포하는 업무를 연계하여 여러분의 업무 효율을 극대화할 수 있습니다.

AI를 활용한
업무 자동화

지난 2016년 구글의 인공지능 알파고와 이세돌 9단과의 바둑 대결은 많은 사람이 조만간 인공 지능이 우리 앞에 나타날 것이라는 생각을 갖게 하였습니다. 알파고 이후 수많은 회사에서 인공 지능을 회사 업무에 적용하려고 노력했지만, 몇몇 분야에서는 성취를 이루었지만 아직도 그 성과는 미비한 상황입니다. 회사에서 인공지능을 활용하려면 인공 지능 전문가와 인공지능을 구현하기 위한 컴퓨팅 인프라 준비에 큰 비용과 시간이 필요합니다. 또한 인공 지능이 있더라도 현장 업무 영역의 전문가가 참여하지 않으면 엉뚱한 방향으로 답변을 도출하는 경우가 발생하여 프로젝트가 성공하지 못하는 일이 발생합니다.

이에 Microsoft는 인공 지능의 복잡한 기술과 컴퓨터 인프라를 단순화하여 AI Builder를 만들었습니다. 이런 AI Builder는 인공 지능 전문가가 아니더라도 Power Automate를 학습한 시민 개발자면 누구나 쉽게 활용할 수 있도록 개발했습니다. 지금까지 우리가 다루던 업무 자동화는 이메일이나 Forms 등을 통해 데이터를 받아서 엑셀이나 Lists에 업데이트하거나 파일을 OneDrive 저장하고, Word 파일을 생성하는 등의 단순 반복 업무 자동화하는 것이었습니다.

단순 반복적이지만 사람이 직접 눈으로 보고 확인해야 하는 작업들 – 사진 속의 사물 또는 글자를 이해하거나 영문으로 작성된 내용을 한국어로 번역하는 업무, 텍스트 속에 이름을 찾거나 숫자를 읽는 업무는 어쩌면 단순하지만, 사람만 가능한 업무들인데 AI Builder를 활용하면 이제 손쉽게 클라우드 흐름에 반영할 수 있습니다.

2022년에는 OpenAI에서 ChatGPT를 선보이면서 인공지능이 본격적으로 업무에 활용하는 다양한 방법을 제시하게 되었습니다. ChatGPT는 초거대 대화형 언어 모델을 기반으로 문장이나 이미지를 생성하는 생성형 AI 모델인데 이를 활용하면 대화를 통해 인공 지능의 파워를 활용할 수 있게 됩니다. Microsoft는 이 기술을 Power Automate에도 접목하여 대화형으로 흐름을 만드는 Copilot을 선보였습니다.

AI Builder란 무엇인가?

AI Builder는 코딩이나 AI에 대한 전문 지식이 없는 일반 사용자도 AI를 활용하여 비즈니스 프로세스를 최적화하도록 설계된 Microsoft의 AI 모델입니다. AI Builder를 통해서 비즈니스 업무 프로세스 개선을 위한 다양한 업무 자동화 기능을 제공합니다.

Power Automate에서 제공하는 AI Builder는 미리 만들어진 prebuilt AI 모델과 추가 학습이 필요한 사용자 지정 customizable AI 모델로 구분됩니다. AI Builder에서 제공하는 대부분 AI 모델은 미리 만들어진 모델로 별도 AI 모델에게 학습을 진행할 필요가 없으나, 문서 처리 중 범주 분류, 엔티티 추출, 예측, 개체 감지, 이미지 분류, 이미지 설명 모델은 학습이 필요합니다. 학습이 필요한 사용자 지정 AI 모델이라 하더라도 매우 간단히 학습을 진행하기 때문에 빠르게 업무 자동화에 적용할 수 있습니다.

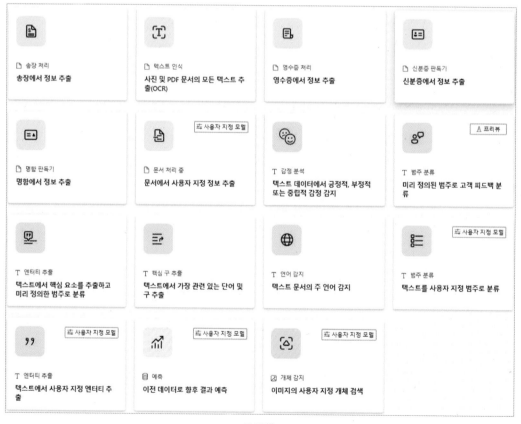

AI 모델

회사 업무에 AI Builder가 어떻게 활용되는지 살펴봅시다.

- **문서 및 송장 처리** : 회사는 우편, 이메일, 팩스 등으로 다양한 문서와 송장을 접수합니다. 대부분 업무는 접수한 문서와 송장의 내용을 읽어서 특정 값을 ERP나 데이터베이스에 입력하는 작업입니다. 이런 작업은 단순하지만, 수작업이 필요하고 많은 시간이 필요한 작업입니다. AI Builder를 통해 이런 업무를 자동화할 수 있습니다.

- **이메일 관리** : 회사는 이메일을 이용하여 고객과 협력 업체로부터 다양한 요청 사항을 접수합니다. 접수한 요청 사항을 분류하여 적절하게 대응하는 것이 매우 중요합니다. 하지만 모든 요청 사항을 추적하고 요청에 맞게 대응하는 작업은 기존까지 수작업으로 진행하였고 많은 인력이 필요했습니다. AI Builder를 사용하면 이런 요청 사항을 자동으로 분류하고 대응하는 작업을 손쉽게 처리할 수 있습니다.

회사에서는 AI Builder를 통해 복잡한 업무를 단순화하지만, 여기서 AI Builder를 통해 3가지 시나리오를 알아보겠습니다.

> ✔TIP Microsoft는 생성형 AI의 기능을 MS가 제공하는 모든 서비스에 기본 탑재를 진행 중입니다. Power Automate에서도 현재 [새 디자이너]로 흐름을 만들게 되면 오른쪽에 Copilot 창이 나타나서 만들려는 흐름이나 동작을 작성하면 흐름이 자동으로 구성하게 됩니다. 아직은 채팅 내용을 정확히 인식하지 못하는 부분이 있어서 본 책에서는 직접 작성하는 방법을 가이드합니다.

AI Builder에서 제공하는 명함 판독기를 활용해서 Power Automate 앱에서 명함을 찍어서 내 연락처 엑셀에 흐름을 만들어 보겠습니다. 다만 현재 Microsoft AI Builder에서 제공하는 명함 판독기는 영어와 일본어만 인식할 수 있습니다. 따라서 몇 개 구글 이미지로 얻은 영문 명함으로 테스트해 봅시다. 한글은 향후 지원 예정입니다.

01. Power Automate 홈페이지(https://make.powerautomate.com)에 로그인 후 왼쪽 메뉴의 [만들기]를 클릭하고 [시작(처음부터)] 〉 [인스턴트 클라우드 흐름]을 클릭합니다.

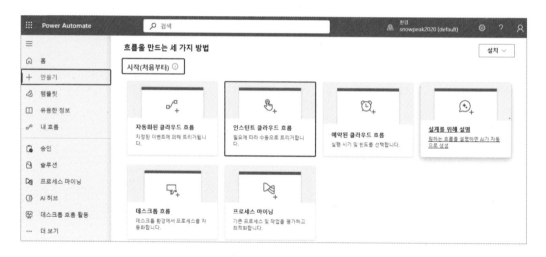

02. [인스턴트 클라우드 흐름 작성] 창이 나타나고

① 흐름 이름 : '17 명함인식하여엑셀저장' 입력
② 흐름의 트리거 방법 선택 : [수동으로 흐름 트리거] 선택 후 [만들기] 클릭

03. 오른쪽 상단의 [새 디자이너]를 해제하면 흐름 작성 페이지가 기존 작업 환경으로 변경됩니다.

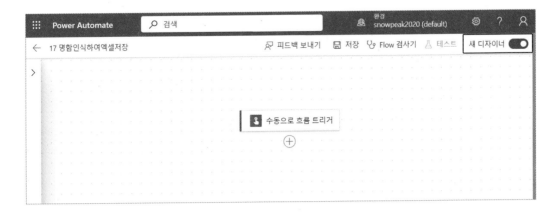

04. Power Automate 앱에서 명함 이미지를 입력하는 작업을 해줘야 합니다. [수동으로 Flow 트리거]를 선택하면 [+ 입력 추가]가 나타납니다.

05. [+ 입력 추가]를 클릭하면 다양한 사용자 입력 종류가 나타납니다. 이미지를 입력할 것이므로 [파일]을 선택하면 '파일 콘텐츠'라는 항목이 나타납니다.

06. 이제 하단의 [+ 새 단계]를 클릭하고 작업 선택에서 [기본 제공] 〉 [AI Builder]를 클릭합니다.

07. [AI Builder]의 [동작] 〉 [명함에서 정보 추출 AI Builder]를 클릭합니다.

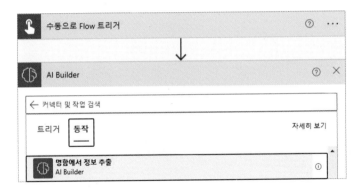

08. [명함]에서 [동적 콘텐츠 추가]를 이용하여 [수동으로 Flow 트리거] 〉 [파일 콘텐츠]를 클릭합니다.

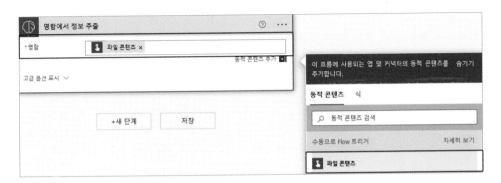

09. 명함 이미지 파일에서 어떤 정보가 추출되는지 바로 테스트해 봅시다. [저장]을 클릭하고 상단의 [테스트]를 클릭합니다. 저는 Google에서 'Microsoft Bill Gates Name Card'라고 검색해서 나온 이미지를 활용할 예정입니다.

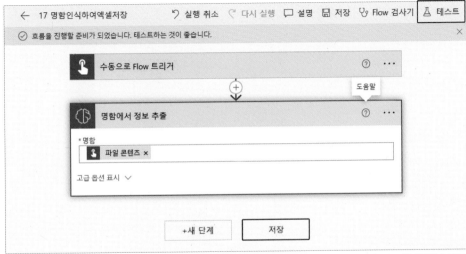

10. [흐름 테스트] 창에서 [수동]을 체크한 후 [파일 콘텐츠]의 [가져오기]를 클릭하여 명함 이미지를 선택하고 [흐름 실행], [완료]를 클릭합니다 .

11. 흐름 실행 페이지로 변경되면서 흐름 실행 결과가 표시됩니다. 트리거와 동작 작업 오른쪽 상단에 녹색 아이콘이 나타나면 정상적으로 실행된 것입니다.

12. 명함에서 정보 추출 동작을 선택하여 어떤 정보가 추출되는 확인해 봅시다. 그림과 같이 '전체 이름, 이름, 성, 전체 주소, 주소, 우편 번호, 구군시, 상태, 제목, 회사 이름, 전자 이메일, 팩스, 회사 전화 및 기타 전화' 등의 정보가 추출된 것을 확인할 수 있습니다.

13. 이제 명함에서 추출된 정보 중 '전체 이름, 회사 이름, 전자 메일, 회사 전화 및 기타 전화'를 추출해서 엑셀에 저장해 봅시다. Excel Online을 실행하고 '이름, 회사, 이메일, 전화번호'로 열을 만든 후 리본 메뉴의 [삽입] > [테이블]을 클릭합니다. 표의 이름은 '명함'입니다.

✔TIP 엑셀에서 표를 만드는 상세한 방법은 Chapter 05를 참고해 주세요.

14. 상단의 [통합 문서]를 클릭하여 파일 이름을 '고객연락처'라고 입력합니다. 이 엑셀 파일은 OneDrive에 자동 저장합니다. Power Automate에서 파일을 저장할 때는 해당 파일이 클라우드 저장소에 있어야 하는 점을 기억해 주세요.

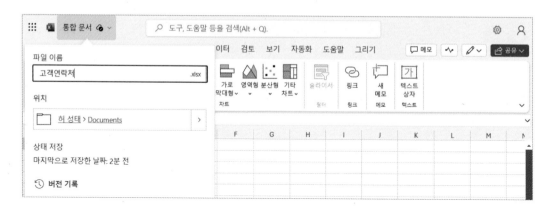

15. 이제 아까 작성했던 흐름에 엑셀을 행을 추가하는 작업을 업데이트해 봅시다. [내 흐름]을 클릭하고 명함 저장 흐름의 [편집]을 클릭합니다.

16. 새 디자이너를 해제하고 기존 흐름 하단의 [+ 새 단계]를 클릭하여 [Excel Online (Business)]의 [동작] 〉 [테이블에 행 추가 Excel Online (Business)]를 클릭합니다.

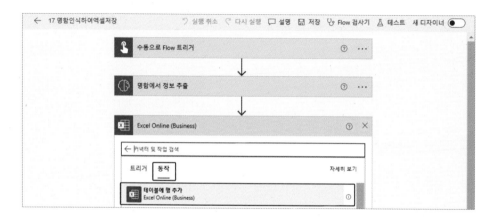

17. [테이블에 행 추가]에는 '위치, 문서 라이브러리, 파일, 테이블'이 필수 입력 항목입니다. [위치]는 'OneDrive for Business', [문서 라이브러리]는 'OneDrive'를 선택하고, [파일]과 [테이블]에 입력을 마치면 [고급 옵션]이 펼쳐지면서 '이름, 회사, 전자 이메일, 전화번호'를 입력할 수 있습니다. [동적 콘텐츠 추가]를 이용하여 '전체 이름, 회사 이름, 전자 이메일, 회사 전화 및 기타 전화'를 각각 선택합니다.

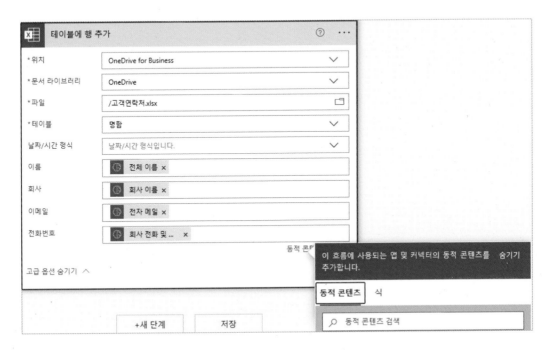

18. 이제 다시 한번 테스트를 해 봅시다. 저장 후 오른쪽 상단의 [테스트]를 클릭합니다. [흐름 실행] 창에서 [자동]을 체크하고 마지막 성공했던 테스트를 선택한 후 [테스트]를 클릭합니다.

19. 흐름이 정상적으로 실행되면 엑셀에 그림과 같이 명함 정보가 입력된 것을 확인할 수 있습니다.

	A	B	C	D
1	이름	회사	전자메일	전화번호
2	Bill Gates	Microsoft Corporation	billg@microsoft.com	(425) 882-8080

AI Builder를 활용해서 명함에서 텍스트를 추출해서 엑셀로 저장하는 방법을 살펴봤습니다. 영업 사원이나 고객 지원 담당자라면 명함을 받아서 바로 사진 촬영하고 연락처를 만들 수 있게 됩니다. 현재는 한글이 지원되지 않기 때문에 영어나 일어로 작성된 명함만 사용할 수 있지만 조만간 한글이 지원되면 누구나 손쉽게 명함 앱을 만들 수 있게 됩니다. AI Builder를 사용하면 명함 정보를 추출하는 것이 얼마나 간단하게 구현할 수 있는지 알 수 있습니다.

문서 정보 추출 AI 모델 만들기

회사에서는 다양한 계약서를 다루는 업무가 많습니다. 구매팀은 다양한 고객 및 협력 업체와 계약서를 주고받고 해당 내용을 정리하여 내부 보고하거나 ERP로 입력하는 업무를 하게 됩니다. 인사팀도 임직원의 연봉 계약서를 받아 엑셀로 저장하고 HR 시스템에 입력하는 업무를 수행하게 됩니다. 매년 수백 명 임직원의 연봉 계약서를 일일이 이메일로 받아서 엑셀로 저장하는 상황을 생각해 봅시다.

담당자는 연봉 계약서가 첨부 파일로 포함된 이메일을 모두 열어서 파일을 읽고 직원의 이름과 연봉 금액, 계약일 등을 정리하는 작업은 단순하면서 많은 시간이 소요됩니다. 이럴 때 AI가 이메일의 첨부 파일을 주요 내용을 읽어 엑셀로 자동 저장해 주면 얼마나 좋을까요? 이번 실습은 AI Builder를 활용해서 이메일 첨부 파일의 연봉 계약서를 읽어서 엑셀로 저장하는 클라우드 흐름을 만들어 봅시다.

01. Power Automate 홈페이지(https://make.powerautomate.com)에 접속하여 로그인 후 왼쪽 메뉴에서 [AI 허브]를 선택하고 [AI 모델]을 클릭합니다.

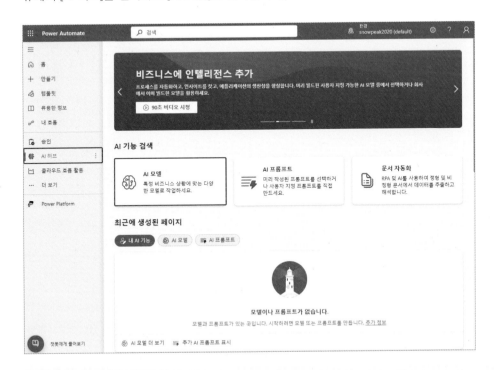

✔ TIP [AI 허브]가 보이지 않으면 하단의 [더 보기]를 클릭하여 [AI 허브]를 선택해 주세요.

02. [AI 모델]을 클릭하면 다양한 AI 모델이 나타납니다. [문서에서 사용자 지정 정보 추출]을 클릭합니다.

03. [문서에서 사용자 지정 정보 추출] 창이 나타납니다. 해당 모델은 사용자 지정 모델로 사용자가 AI Builder에게 문서를 학습시키는 모델입니다. 하단의 [사용자 지정 모델 만들기]를 클릭합니다.

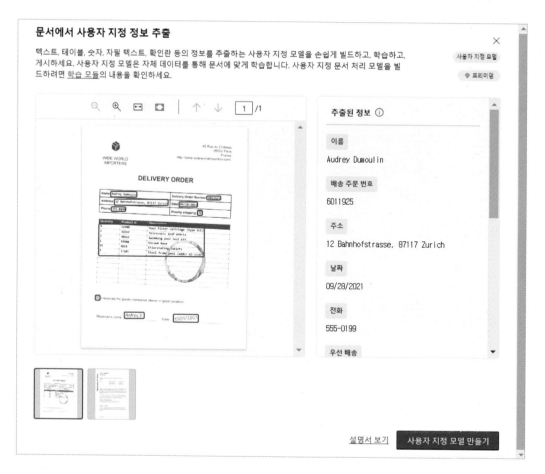

04. 사용자 지정 모델이기에 실제 계약서를 AI Builder에게 교육시켜야 합니다. 첫 번째는 문서 형식을 선택해야 합니다. 계약서는 구조화되지 않은 문서이기에 [비구조적 문서(프리뷰)]를 선택하고 [다음]을 클릭합니다.

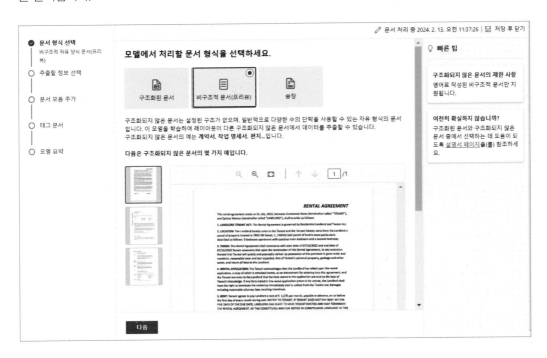

05. 계약서에서 추출할 정보를 선택해 봅시다. [+ 추가] 옆 드롭 다운 메뉴(⌄)를 클릭하면 '텍스트, 숫자, 날짜, 확인란, 테이블' 등을 추출할 수 있습니다. 우선 [텍스트 필드]를 선택합니다.

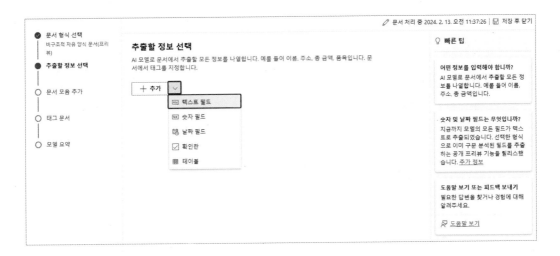

06. [텍스트 필드] 창이 나타나면 계약서상의 직원 이름을 추출할 예정이므로, '임직원이름'을 입력하고 [완료]를 클릭합니다.

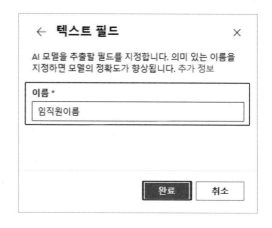

07. 다음은 연봉 정보를 수집할 것이므로 [숫자 필드(프리뷰)]를 선택하고, 그림과 같이 [이름]에 '연봉'을 입력한 후 [완료]를 클릭합니다.

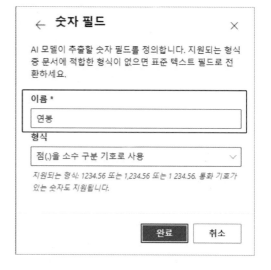

08. 다음은 [날짜 필드]를 선택하고, [이름]은 '계약일'이라고 입력한 후 [완료]를 클릭합니다.

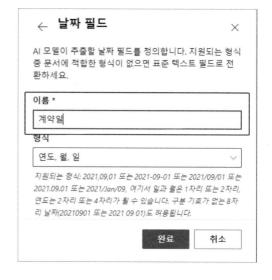

09. 추출할 정보 3가지 항목의 이름과 형식을 작성했으면 [다음]을 클릭합니다.

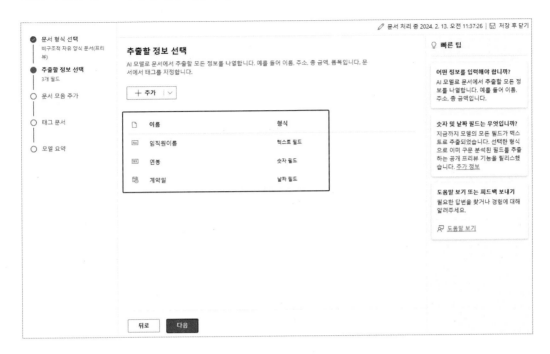

10. 추출할 정보 선택이 끝나면 다음은 기존 계약서를 업로드하는 단계입니다. 화면 가운데 [새 컬렉션]을 클릭하면 하단에 '컬렉션1'이 나타나고 가운데 ⊕을 클릭하면 나타나는 [컬렉션1] 창에서 [문서 추가]를 클릭합니다.

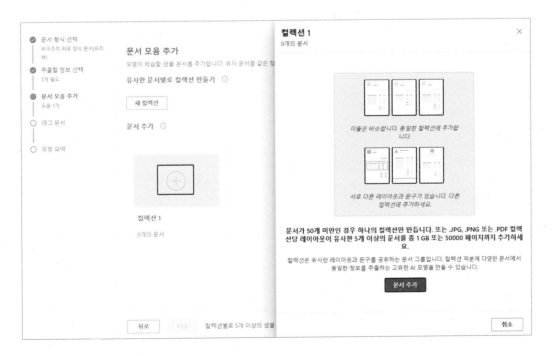

11. [원본 선택] 창이 나타납니다. 계약서가 PC에 있으므로 [내 디바이스]를 선택합니다.

12. 파일 탐색기가 나타나면 PC에 준비해 둔 계약서를 선택합니다. 최소 문서 5개 이상의 문서를 업로드해야 합니다. 문서를 선택하고 업로드합니다. 문서는 PDF로 작성된 문서로 진행합니다.

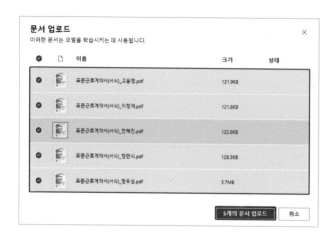

✔ **TIP** PDF 파일은 263P에서 QR 코드로 안내하는 블로그에서 제공하니 다운로드 받아 사용해 주세요.

13. 문서가 업로드 완료되면 [완료]를 클릭합니다.

14. 이제 '컬렉션1'이 완성되었습니다. 컬렉션이란 유사한 레이아웃이나 문구를 갖는 문서 묶음입니다. 우리는 한 종류의 계약서만 사용할 예정이기에 '컬렉션1'만 사용합니다. 이제 하단의 [다음]을 클릭합니다.

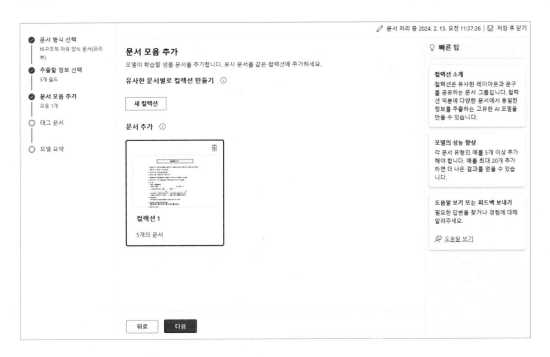

15. 이제 계약서에서 어떤 부분을 추출할지를 인공지능에 알려줍시다. 이것을 '태깅'한다고 합니다. 그림과 같이 마우스로 이름 영역을 범위 지정하고 [텍스트 필드] 〉 [임직원 이름]에 해당한다고 체크합니다.

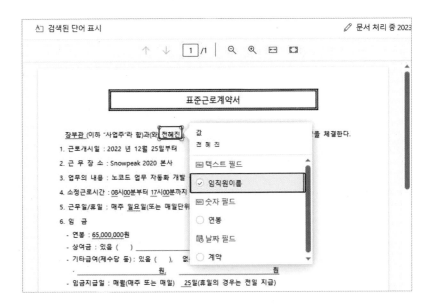

16. 연봉 영역도 마우스로 지정하고 [숫자 필드] 〉 [연봉]에 체크합니다.

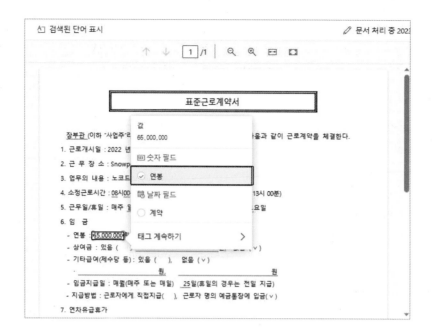

17. 계약 일자 영역도 마우스로 범위 지정하고 [날짜 필드] 〉 [계약일]을 체크합니다.

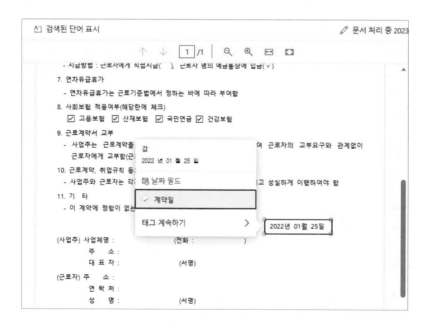

18. 5개의 문서에 대해 각각 동일한 업무를 반복하고 [다음]을 클릭합니다.

19. 태깅 작업이 완료되었고 이제 하단의 [학습]을 클릭합니다.

20. 모델이 학습을 진행하게 됩니다. [모델로 이동]을 클릭합니다.

모델이 학습 중입니다.

최소 20분에서 최대 몇 시간까지 걸릴 수 있습니다. 이 창을 닫고 나중에 돌아올 수 있습니다.

모델로 이동

21. 모델 학습이 끝나면 게시를 해야 사용 가능합니다. 설정 아이콘(⚙)을 클릭하여 [모델 이름]에 '연봉계약서2024'를 입력하고 [저장]을 클릭하고 [게시]를 클릭합니다.

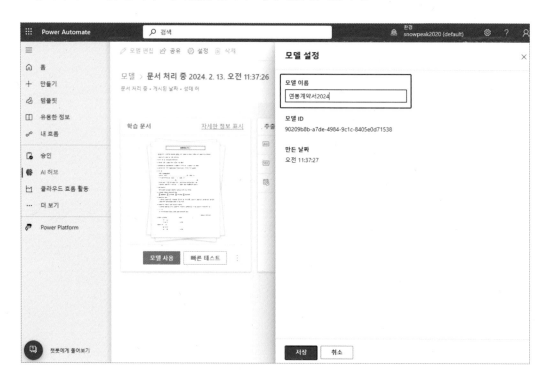

계약서에서 정보 추출하기

연봉 계약서를 읽는 AI 모델을 학습했습니다. 이제 이메일로 연봉 계약서를 받으면 연봉 계약서를 읽어서 엑셀에 저장하는 흐름을 만들어 봅시다.

01. 이제 흐름을 만들어 봅시다. 우리가 작성할 흐름은 계약서가 첨부된 이메일이 오면 해당 문서에서 정보를 추출하여 해당 내용을 엑셀로 저장하는 흐름입니다. 왼쪽 메뉴의 [만들기]를 클릭하고 [시작(처음부터)] 〉 [자동화된 클라우드 흐름]을 선택합니다.

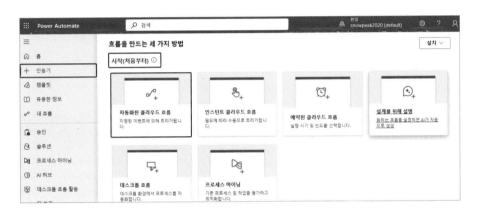

02. [자동화된 클라우드 흐름 빌드] 창이 나타나고

① 흐름 이름 : '18 연봉계약서정보추출' 입력
② 흐름의 트리거 선택 : [새 메일이 도착하면(V3) Office 365 Outlook] 선택 후 [만들기] 클릭

03. 화면이 전환되면서 가운데에 [새 메일이 도착하면(V3)]가 나타납니다. 오른쪽 상단의 [새 디자이너]를 해제하면 흐름 작성 페이지를 기존 디자이너로 변경합니다.

04. 첨부 파일이 포함된 이메일만 흐름이 작동하도록 트리거를 수정해 봅시다. [고급 옵션 표시]를 클릭하여 [첨부 파일 포함]과 [첨부 파일이 있는 항목만]을 클릭하여 '예'로 설정합니다.

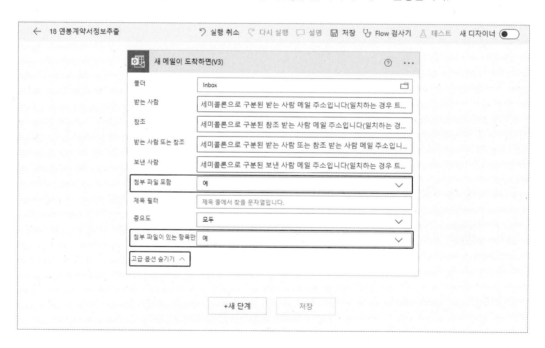

05. 이제 계약서의 3가지 항목(이름, 연봉, 일자)를 저장하고자 합니다. '이름, 연봉, 일자'는 흐름이 시작할 때마다 값이 변하게 되고 이것을 변수라고 합니다. 변수를 사용하려면 변수 초기화를 먼저 해야 합니다. [+ 새 단계]를 클릭하여 작업 선택에서 [변수]의 [동작] 〉 [변수 초기화]를 클릭합니다.

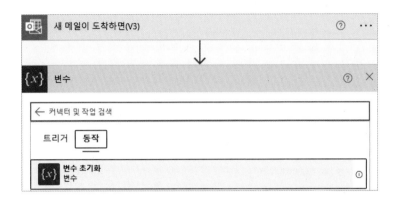

06. 3개의 변수의 이름은 각각 '이름', '연봉', '일자'로 정하고 [유형]은 '문자열'로 설정합니다.

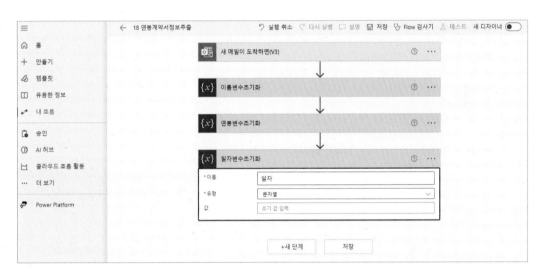

✓TIP 동일한 동작이 반복되는 경우, 동작 이름을 변경해 주는 것이 좋습니다. 동작의 제목 변경은 동작 오른쪽 메뉴(•••)를 클릭하여 [이름 바꾸기]를 사용해 주세요.

07. 이제 인공지능에서 첨부 파일을 추출하는 방법을 살펴봅시다. [+ 새 단계]를 클릭하여 작업 선택에서 [AI Builder] 〉 [문서에서 정보 추출]을 클릭합니다.

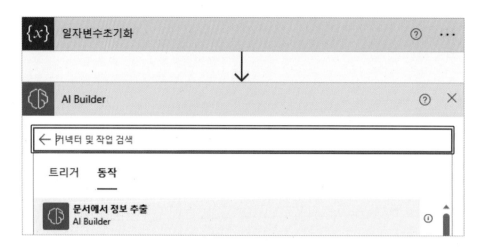

08. 문서에서 정보 추출 동작은 'AI모델, 양식 유형, 양식'을 설정해야 합니다. [AI 모델]에서 우리가 작성했던 '연봉계약서2024'를 선택하고 [양식 유형]은 'PDF 문서', [양식]은 [동적 콘텐츠 추가]를 이용하여 [첨부 파일 콘텐츠]를 선택합니다.

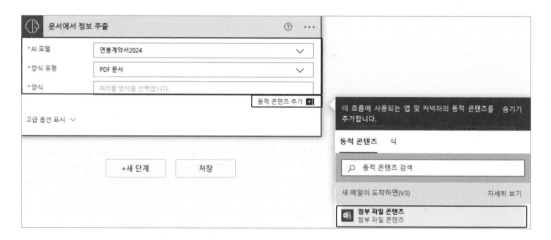

09. 문서에서 정보 추출 동작은 각각에 적용 동작 안으로 이동하게 됩니다. 이제 문서에서 추출한 정보값(이름, 연봉, 일자)을 변수에 설정해 봅시다. 하단의 [작업 추가]를 클릭하여 [변수]의 [동작] 〉 [변수 설정]을 클릭합니다.

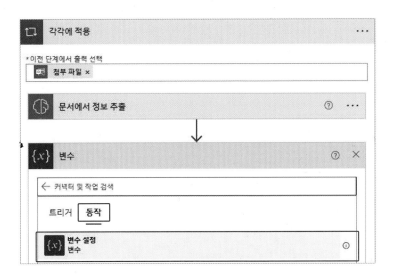

✓ TIP 변수와 비슷한 것으로 데이터 작업의 작성 동작이 있습니다. 두 동작은 흐름을 작성할 때, 새로운 값을 처리할 때 사용하게 됩니다. 차이점은 변수의 경우, 먼저 변수의 초기화 동작을 진행하고 나중에 변수 관련 동작을 추가하게 됩니다. 두 번째는 변수의 경우 변수값이 매번 변경될 수 있습니다. 데이터 작업의 작성 동작은 변수 초기화 같은 동작이 없으며 해당 값이 정적으로 유지됩니다. 이러한 차이점을 이해하고 변수를 선택할지 데이터 작업의 작성을 선택할지 결정하면 됩니다.

10. 첫 번째 변수 설정에서는 [이름]에 '이름'을 설정하고 [값]에는 [동적 콘텐츠 추가]를 클릭하여 '임직원이름 text'를 선택합니다. 두 번째 변수 설정에도 [이름]에 '연봉', [값]에 '연봉 text', 세 번째 변수 설정에도 [이름]에 '일자', [값]에 '계약일 text'를 추가합니다.

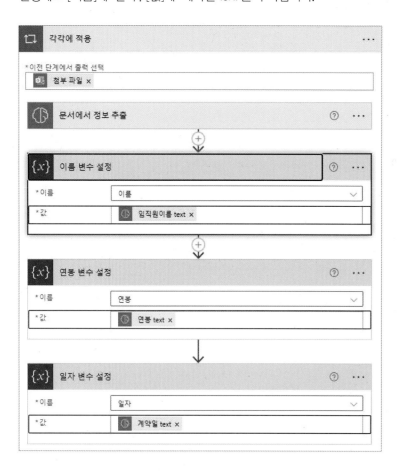

11. 마지막으로 해당 정보가 엑셀에 저장되는 작업을 하나 더 해 봅시다. [작업 추가]를 클릭해서 [Excel Online (Business)]의 [동작] 〉 [테이블에 행 추가 Excel Online (Business)]를 클릭합니다.

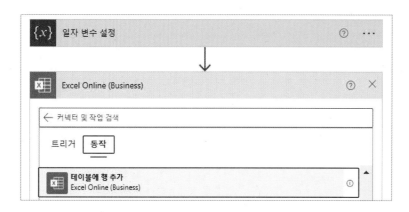

12. 사전에 엑셀 파일은 OneDrive 폴더에 '임직원연봉.xlsx' 파일로 미리 만들어 놨습니다. 표 이름은 '연봉'입니다. [이름, 연봉, 계약일]에는 [동적 콘텐츠 추가]를 이용하여 그림과 같이 변수를 추가합니다.

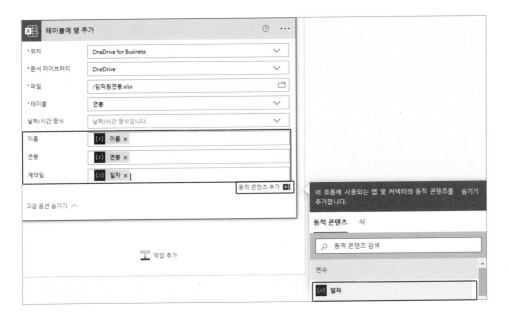

13. 설정이 완료되었습니다. 흐름을 살펴봅시다. 연봉 계약서(PDF)가 첨부 파일로 된 이메일이 도착하면 흐름이 작동하고 문서에서 정보 추출하는 AI 작업이 수행되어 엑셀에 테이블이 추가되는 흐름입니다.

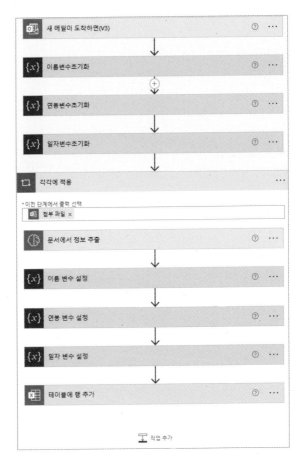

14. 실제 이메일을 보내서 테스트를 해 봅시다. 그림과 같이 이름, 연봉, 계약일이 엑셀 테이블에 추가됩니다.

✓ **TIP** 참고로 현재 자동 테스트는 작동하지 않기에 수동으로 테스트를 진행해야 합니다.

| AI Builder로 업무 확장하기

이번 Chapter에서는 Power Automate의 AI Builder를 활용하여 업무 자동화하는 실습을 진행했습니다. 이외에도 AI Builder를 활용하면 아래와 같은 업무를 자동화할 수 있습니다.

- **이미지에서 텍스트 추출** : AI Builder를 활용하면 명함과 같은 이미지에서 텍스트 정보를 추출할 수도 있습니다. 이를 응용하여 주차장 출입구의 사진 촬영 정보를 인식하여 자동차 출입 정보를 엑셀에 자동으로 기재할 수도 있습니다.

- **텍스트 분류** : AI Builder는 텍스트를 분류하여 해당 문장에 대해 긍정, 중립, 부정으로 분류할 수 있습니다. 마케팅 부서는 이러한 텍스트 분류를 활용하여 고객 반응을 즉각적으로 수집할 수 있습니다. 예를 들어, 특정 서비스나 제품에 대한 트위터, 페이스북, 네이버 댓글을 수집하고 텍스트 분류를 통해 고객의 서비스 호감도를 수집하는 것 있습니다.

- **자연어 처리** : AI Builder를 활용하는 주요한 영역은 번역입니다. 해외 고객으로부터 영어로 작성된 이메일이 오면 해당 이메일 본문 내용을 바로 한국어로 번역하여 관련 담당 부서로 전달할 수 있습니다. 또한 이메일 본문 내용에 따라 기술팀 또는 영업팀으로 이메일을 자동 전달할 수도 있습니다.

- **문서 처리** : 영수증이나 계약서 같은 문서의 경우 해당 내용의 특정 부분을 추출하여 엑셀이나 ERP 시스템에 바로 입력하도록 구성할 수 있습니다. 실제로 회사의 많은 업무는 송장, 청구서, 계약서 등의 서류를 처리하는 업무입니다. 이러한 업무를 AI Builder를 통해서 사람 개입 없이 처리할 수 있게 됩니다.

Microsoft는 ChatGPT와 같은 OpenAI 기술을 Power Platform에 다양하게 접목하고 있습니다. AI Builder를 활용한 다양한 업무 자동화 시나리오에서 개발될 예정이며 Power Automate와 AI Builder의 조합을 통해 여러분의 업무 프로세스를 자동화하고 효율성을 높일 수 있습니다.

Power Automate
유용한 지식

이번 Chapter에서는 Power Automate로 흐름을 작성할 때 유용한 몇 가지 지식을 알아봅니다. 첫 번째는 흐름을 공유하는 방법이고, 두 번째는 흐름을 모니터링하고 흐름에 문제가 생겼을 때 대처 방법, 세 번째는 Power Automate에서 숫자를 계산하거나 데이터 형식을 변환하고 비교하는 작업을 수행할 때 사용하는 몇 가지 표현식(express)에 대해 알아보겠습니다.

내가 만든 흐름을 팀 동료에게 공유해서 같이 수정하거나 업데이트할 필요가 있습니다. 또한 흐름을 팀원들이나 회사 구성원 전체에 같이 공유하여 흐름을 같이 사용해야 할 일이 발생합니다. 이렇게 흐름을 공유하는 방법은 흐름을 수정하고 삭제할 수 있는 소유자 권한을 공유하는 방법과 단순히 흐름을 실행할 수 있는 권한을 공유하는 두 가지 방법이 있습니다. 우선 소유자 권한을 같이 공유하는 방법을 살펴봅시다.

⚫ 소유자 권한 포함하여 공유하기

01. Power Automate 홈페이지(https://make.powerautomate.com)에 로그인 후 [내 흐름]을 클릭합니다. 공유하려는 흐름을 체크하고 [공유]를 클릭합니다.

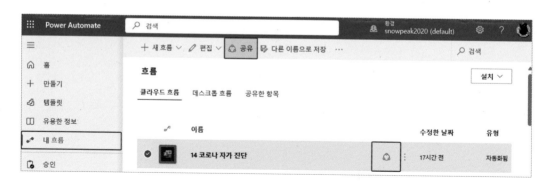

✅ TIP **소유자 권한을 우리 팀원 전체에게 공유할 수 있나요?**

네, 가능합니다. Microsoft 365에서는 그룹스(Groups)라는 개념이 있어 부서나 회사 전체를 하나의 그룹으로 설정할 수 있습니다. 지난 Chapter 08에서 등장했던 Teams도 하나의 그룹스 단위입니다. 따라서 우리 팀 그룹스 설정을 하면 팀원 전체에게 권한을 부여할 수 있습니다.

02. 소유자 추가와 연결 포함 정보가 표시됩니다. [소유자 추가]에 이름 또는 이메일 주소를 입력하면 하단에 선택 창이 나오고 해당 이름을 클릭하면 됩니다.

03. [공유하기 전에] 창에서 [확인]을 클릭하면 공유가 완료됩니다.

04. 소유자 명단에 추가한 사용자가 등록된 것을 확인합니다. 만약 추가한 사용자를 제거하려면 [휴지통](🗑)을 클릭하면 됩니다.

05. 공유를 받은 대상의 Power Automate 웹 페이지에서 [내 흐름]을 살펴보면 [공유한 항목]에 흐름이 업데이트된 것을 확인할 수 있습니다. 주의할 점은 흐름을 공유한 소유자에게도 공유한 항목으로 흐름이 변경됩니다.

✓ TIP 흐름을 공유하게 되면 기존 클라우드 흐름에서 해당 흐름은 사라집니다. 따라서 공유한 항목에서 흐름을 찾아야 하는 점을 유의하세요.

⦂ 흐름 실행 권한 공유하기

흐름을 공유하는 경우, 흐름의 편집할 수 있는 권한도 공유받은 사람에게 전달됩니다. 이런 경우, 공유 받은 사람이 흐름을 편집하여 흐름이 작동하지 못하는 경우가 발생합니다. 이럴 때는 단순히 흐름 공유하는 방법을 사용할 수 있습니다.

01. Power Automate 홈페이지(https://make.powerautomate.com) 로그인하고 [내 흐름]을 클릭한 후 실행 권한을 공유하려는 흐름을 체크하고 상단의 [세부 정보]를 클릭합니다.

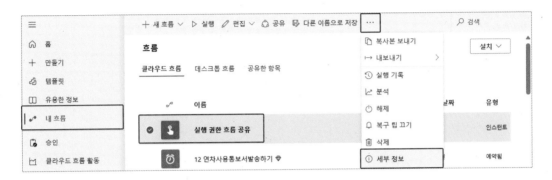

> ✔ **TIP** 실행 권한 공유는 특정한 트리거 [수동으로 흐름 트리거], [선택한 파일의 경우], [선택한 항목의 경우]만 작동합니다. 모든 트리거에 작동되는 것은 아니므로 참고하세요.

02. 세부 정보 페이지를 살펴보면 오른쪽 하단의 사용자만 실행 박스가 보입니다. 사용자만 실행 박스의 [편집]을 클릭합니다.

03. [실행 전용 권한 관리] 창이 나타나고 흐름을 공유할 사용자의 이름 또는, 이메일 주소를 입력합니다. 하단의 사용된 연결이 나타나는데 여기에서는 해당 커넥터를 누구 권한으로 사용할지 결정할 수 있습니다. 실행 전용 사용자가 제공함을 선택하면 공유받을 사용자가 해당 커넥터의 권한이 있어야 합니다. 흐름을 공유한 사람의 권한으로 사용하려면 이 연결 사용을 선택하고 저장하면 됩니다. 만약 프리미엄 커넥터라면 사용자에 따라 권한이 없을 수도 있습니다. 이럴 경우에는 그림과 같이 권한이 있는 사용자의 커넥터를 받아서 사용할 수 있습니다.

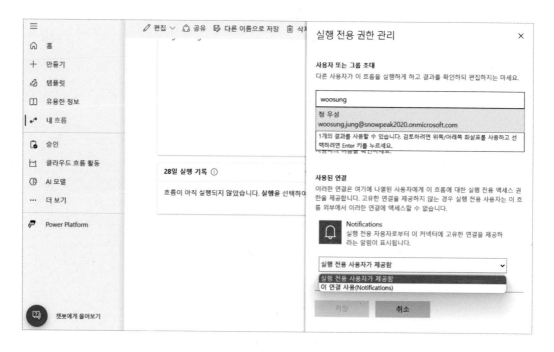

흐름 내보내기

흐름을 공유할 때 소유자 권한을 부여하지 않고 단순히 흐름만 전달하거나 흐름을 다른 저장소에 별도 백업하고자 할 때는 내보내기 작업을 수행해야 합니다. 내보내기를 수행하면 패키지(.zip) 포맷으로 전달할 수 있습니다.

01. Power Automate 홈페이지(https://make.powerautomate.com)에 로그인 후 [내 흐름]을 클릭한 후 내보내기를 하려는 흐름을 체크하고 상단의 [내보내기] 〉 [패키지(.zip)]을 선택합니다.

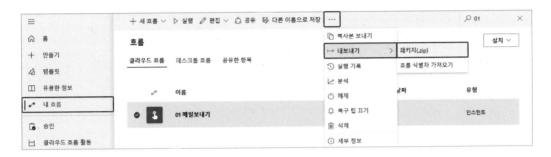

02. [내보내기 패키지] 페이지가 나타나고 패키지 세부 정보에서 [이름]을 입력하고 [패키지 콘텐츠 검토]에서 [업데이트]를 클릭합니다.

03. [설치 가져오기] 창이 나타나고 새 항목으로 만들기, 업데이트 두 가지 옵션이 나옵니다. 만약 흐름을 내보내기 하는 경우라면 [새 항목으로 만들기]를 선택하고 기존에 흐름에 업데이트하려면 [업데이트]를 선택합니다. 여기에서는 처음 공유하는 것이므로 [새 항목으로 만들기]를 선택하고 [저장]을 클릭합니다.

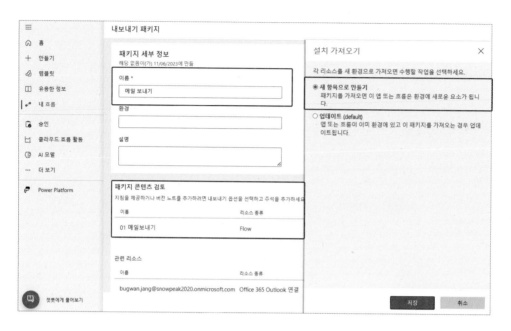

04. [패키지 콘텐츠 검토]에서 설치 가져오기 항목이 '새 항목으로 만들기'로 변경되었습니다. 하단의 [내보내기]를 클릭합니다.

05. Power Automate가 zip 파일을 만들게 되고 브라우저에서 다운로드됩니다. 웹 브라우저 [다운로드] 창에 패키지 파일이 다운로드된 것을 확인할 수 있습니다.

다운받은 zip 파일은 이메일에 첨부 파일로 첨부하여 보내거나 클라우드 저장소(OneDrive 또는 SharePoint)에서 링크로 공유하여 전달할 수 있습니다. 이제 zip 파일을 받은 사람이 작성한 흐름(패키지 포맷)을 내 흐름에 추가하는 방법을 살펴봅시다.

흐름 가져오기

01. 이메일 또는 클라우드 공간에서 다운로드 받은 패키지 파일을 저장합니다. Power Automate 홈페이지에서 [내 흐름]을 클릭하고 페이지 상단의 [가져오기]를 클릭합니다.

02. [패키지 가져오기] 페이지가 나타납니다. [업로드]를 클릭하면 파일 탐색기가 나타나고 다운로드 받은 패키지(.zip) 파일을 선택합니다.

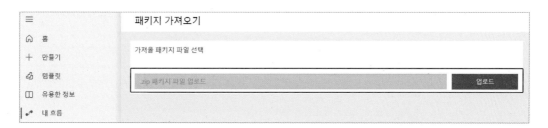

03. [패키지 가져오기] 페이지가 변경되면서 패키지 세부 정보와 콘텐츠 검토 항목이 나옵니다. 녹색 체크가 나타나면 설정이 정상인 것입니다.

04. [관련 리소스]를 살펴보면 경고 메시지가 나타납니다. 작업 하단의 렌치 모양의 아이콘 [✎]을 클릭하면 [설치 가져오기] 창이 나타납니다. Office Outlook 365 연결 사용자가 변경되었으므로 이메일 주소를 선택하고 [저장]을 클릭합니다.

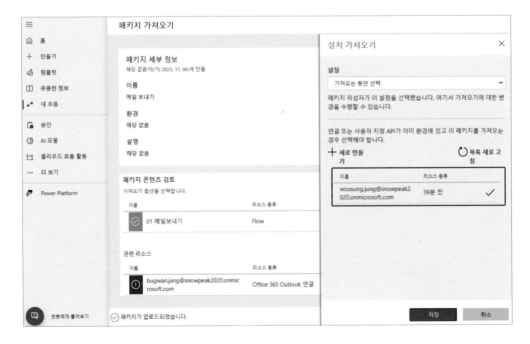

05. 하단의 [가져오기]가 활성화되면 클릭합니다.

가져오기   취소

06. 관련 리소스도 녹색 아이콘으로 변경되었습니다. 흐름 가져오기가 완료되었습니다.

07. 다시 왼쪽 메뉴의 [내 흐름]을 클릭하면 방금 가져오기 한 흐름이 보입니다. 하지만 해당 흐름은 현재 정상 작동하지 않은 상태입니다. 흐름을 선택하고 상단 메뉴의 [설정]을 클릭하여 흐름을 작동하도록 변경합니다.

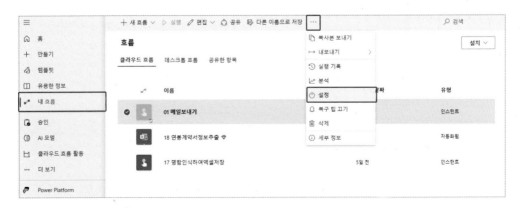

Section
02 흐름 모니터링하기

열심히 흐름을 작성했음에도 불구하고 흐름이 실패하는 경우가 발생합니다. 대부분 흐름을 잘못 작성하거나 인증 실패, 때로는 3rd Party 제공하는 인터페이스가 변경되어서 오류가 발생하는 일도 생깁니다. 이번 Section에서는 흐름을 모니터링하는 방법과 흐름에 문제가 발생했을 때 해결하는 방법과 팁을 알아보겠습니다.

● 흐름 모니터링하기

흐름을 모니터링하는 방법은 '일 단위'로 모니터링하는 방법과 '흐름 단위'로 모니터링하는 방법이 있습니다. 우선 일 단위로 모니터링하는 방법을 살펴봅시다.

01. Power Automate 홈페이지(https://make.powerautomate.com)에 로그인 후 왼쪽 메뉴의 [클라우드 흐름 활동]을 클릭합니다. 클라우드 흐름 활동을 '오늘, 어제, 이전'으로 구분하여 보여줍니다.

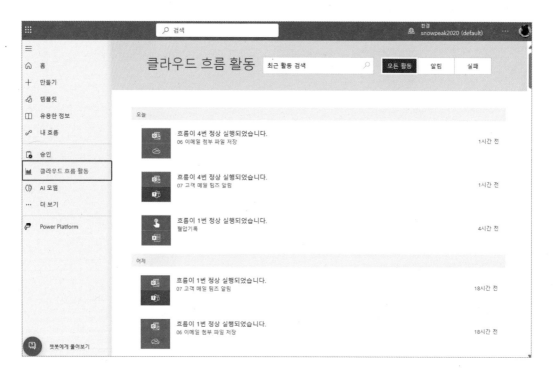

02. 해당 흐름을 선택하면 흐름 실행된 페이지로 이동하여 각 흐름 작업이 정상적으로 실행되었는지 얼마나 소요 시간이 걸렸는지 확인할 수 있습니다.

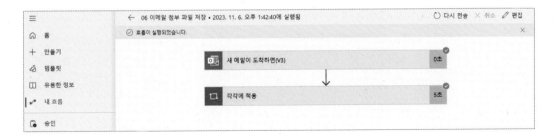

03. 두 번째 흐름 모니터링하는 방법은 각 흐름의 상세 정보에서 실행 기록을 살펴보는 방법입니다. 왼쪽 메뉴의 [내 흐름]을 클릭하고 클라우드 흐름 중 관심 있는 흐름을 선택합니다.

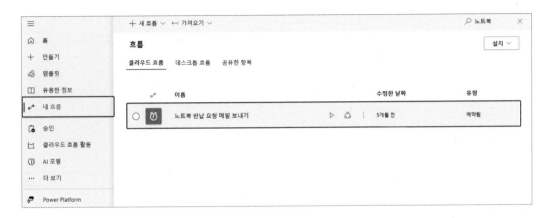

✔TIP　흐름을 모니터링하는 또 다른 방법은 흐름을 선택하고 상단 메뉴의 분석을 선택해 보세요. Power BI를 활용하여 지난 30일간의 작업 횟수, 오류 등을 그래프로 보여줍니다.

04. 흐름 상세 페이지에서 28일 실행 기록을 살펴보면, 지난 28일간의 흐름의 성공과 실패를 보여줍니다. 실패했던 흐름을 선택합니다.

05. 실패한 흐름 각각의 동작 별 정상/실패 여부를 확인합니다.

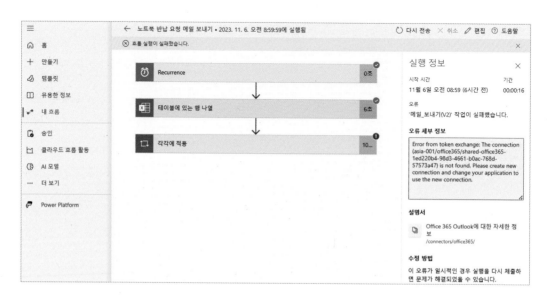

06. 오류가 발생한 동작을 클릭하면 어떤 오류가 발생했는지 확인할 수 있고 오류 세부 정보 창에서 예상되는 오류와 권장 해결 방안이 나옵니다.

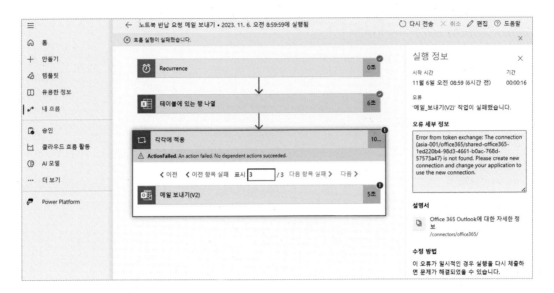

◦ 이메일을 통한 오류 리포트 받기

만약 여러분이 흐름의 소유자라면 흐름의 오류가 발생했을 때, 이메일을 받게 됩니다. Power Automate 흐름 오류 이메일은 그림과 같습니다. 본문 내 [Fix My Flow]를 클릭해서 바로 오류를 확인할 수 있습니다.

Power Automate 오류 이메일에는 다음과 같은 섹션이 있습니다.

이름	설명
Time	흐름이 처음 실패한 시간을 표시합니다.
What happened?	흐름에서 실패의 원인이 되는 문제에 대한 설명을 제공합니다.
How do I fix it?	흐름에서 실패의 원인이 되는 문제를 해결하기 위한 팁을 제공합니다.
Troubleshooting Tips	흐름이 실패한 횟수, 동일한 입력 데이터로 흐름을 다시 시도할 링크 등 세부 정보를 제공합니다.
비고	입력

■ Microsoft   Power Automate

Alert: Your
connection isn't working

영어 메일1 started experiencing issues at 9:32 ,10/31/2022 UTC

What happened?

Looks like your flow's bugwan.jang@   connection needs to be signed-in
again. The most common cause is a changed password or a policy set by your
tenant administrator. Connections may also require reauthentication, if multi-factor
authentication has been recently enabled for your account.

[Fix My Flow >]

How do I fix it?

Select 'Fix my flow' to reauthenticate the connection. Remember to test your flow
after updating your connection to make sure the problem is solved.

Troubleshooting tips

- See how many times your flow has failed. Run history >
- Resubmit failed runs using the exact same data. Learn more >
- Customize what happens when your flow fails. Learn more >

보고된 오류를 해결하려면 **Fix My Flow >** 를 클릭하고 흐름 오류가 발생한 흐름 페이지에 접속하여 오류를 직접 수정할 수 있습니다. 이제 흐름의 문제를 해결해 봅시다.

● 트리거가 작동하지 않는다

트리거가 작동하지 않는 경우에는 데이터 분실 방지(Data Loss Prevention DLP)를 먼저 살펴봐야 합니다. Power Platform 관리자는 DLP 정책을 통해 회사의 데이터가 외부 클라우드로 유출되는 것을 막을 수 있습니다. 관리자는 커넥터를 Business 또는 Non-Business로 구분하고 Business로 설정된 커넥터만 트리거가 작동되도록 설정할 수 있습니다. 따라서 여러분이 설정한 트리거가 회사가 설정한 Non-Business라면 작동되지 않을 수 있으므로 Power Platform 관리자에게 문의하는 것이 좋습니다.

● 연결 확인

기본적으로 사용자가 흐름을 생성할 때, 대부분의 경우라면 커넥터에 자동 로그인합니다. 그러나 사용자가 패스워드가 변경이나 회사의 커넥터 연결 정책 변경 등으로 연결은 때때로 끊어지기도 합니다. 연결이 끊어지는지 확인하는 방법은 다음과 같습니다.

Power Automate에 로그인하고 왼쪽 메뉴의 [연결]을 클릭합니다. 여러 흐름 중에 상태를 보면 '로그인 할 수 없습니다'가 보입니다. [연결 수정]을 클릭하여 다시 로그인하면 됩니다.

● 인증 실패

대부분의 경우에 흐름은 인증 오류로 실패합니다. 이러한 종류의 오류가 발생하면 오류 메시지에는 권한이 없음 또는 401 또는 403이라는 오류 코드가 나타납니다. 일반적으로 연결을 업데이트하여 인증 오류를 수정할 수 있습니다.

● 동작 설정 오류

흐름 동작이 예상대로 작동하지 않는 경우, 흐름은 실패합니다. 이런 경우에는 Bad request 또는 Not found 또는 오류 코드 400이나 404가 표시됩니다. 편집 단추를 클릭하여 오류 내용을 수정하고 테스트를 진행합니다.

● 기타 오류

오류 코드 500 또는 502가 표시되는 경우에는 일시적인 오류입니다. 다시 한번 저장하고 테스트를 진행합니다.

Flow 검사기로 오류 찾기 및 수정

사전에 오류가 발생하지 않도록 흐름을 잘 작성하는 것이 중요합니다. 흐름을 작성하고 나서 Flow 검사기를 사용하면 흐름을 작성하면서 문제점을 바로 확인할 수 있습니다. 흐름에 오류가 발생하면 그림과 같이 [Flow 검사기]에 빨간 점이 나타납니다.

[Flow 검사기]를 클릭하면 어떤 항목에서 오류가 발생했는지 확인할 수 있습니다.

커뮤니티

아직 국내에는 Power Automate 관련 커뮤니티가 활성화되어 있지는 않습니다. 하지만 Microsoft에서 만든 Power Automate 커뮤니티 사이트가 있으므로 궁금한 사항은 검색을 통해서 확인이 가능합니다.

https://powerusers.microsoft.com/t5/Microsoft-Power-Automate/ct-p/MPACommunity

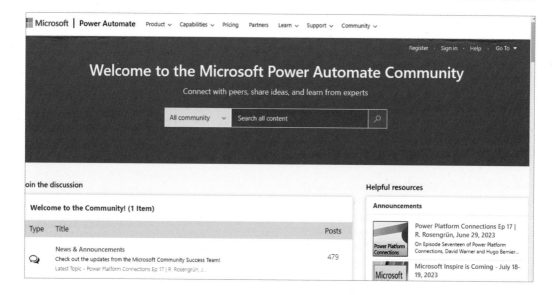

Section 03 표현식에 대해 알아보자

Power Automate에서 흐름을 만든다는 것은 트리거를 생성하고 업무 목적에 맞는 작업을 추가하는 작업입니다. 트리거와 작업 간의 데이터를 전달은 동적 콘텐츠를 활용합니다. 하지만 흐름을 작성하다 보면 보다 복잡한 작업을 수행할 필요가 있습니다. 숫자를 계산하거나 데이터 형식을 변환하고 비교하는 작업을 수행하는 수식을 표현식이라고 합니다.

Power Automate에서 표현식은 함수 집합으로 구성되어 있습니다. 이러한 표현식을 사용하면 원하는 데이터를 쉽게 구할 수 있습니다. 예를 들면, 현재 시간을 구하거나 두 개의 문자를 합하는 방법 등은 표현식을 사용한다면 간단하게 구할 수 있습니다.

표현식이 어떻게 흐름을 단순화시키는지 살펴봅시다. 이메일에 현재 시간을 추가할 때, 그림과 같이 날짜 시간 커넥터의 현재 시간 동작을 추가하고 이를 동적 콘텐츠 추가를 활용하여 다음 동작에 추가할 수 있습니다.

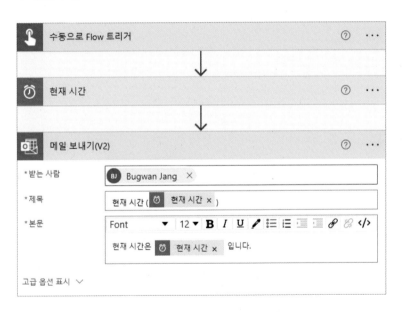

하지만 현재 시간을 표시하는 'utcNow( )'라는 함수를 사용하면 보다 흐름을 단순하게 만들 수 있습니다.

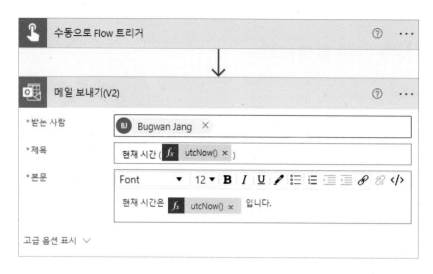

이제부터 표현식을 사용하는 몇 가지 방법을 알아보겠습니다.

표현식 사용하기

Power Automate에서 표현식을 작성하는 방법은 [동적 콘텐츠 추가]를 이용하여 콘텐츠 메뉴의 [식]을
선택하고 수식 입력창(formula box)에 함수를 입력하면 됩니다. 함수 이름은 대소문자를 구분하지 않
는 점 참고하세요.

수식 입력창에서 함수를 입력할 때, 그림과 같이 구문 제안 팝업이 나타납니다. 구문 제안 팝업을 참고
하여 표현식을 작성합니다.

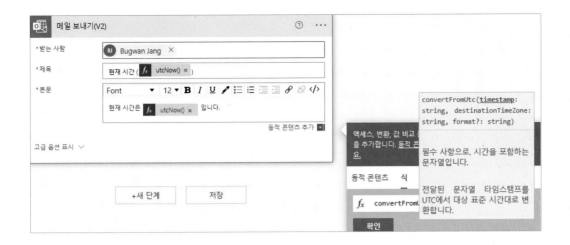

함수 살펴보기

함수는 문자열, 논리, 수식, 날짜 및 시간 등
10개의 그룹으로 구분됩니다. 10개의 그룹은
특정 함수를 쉽게 찾기 위해서 만들어졌으며,
동적 콘텐츠 추가 메뉴에서 확인할 수 있습니
다. 만약 해당 그룹의 함수가 보이지 않는 경
우에는 각 그룹의 [자세히 보기]를 클릭하면
나머지 함수도 모두 확인할 수 있습니다.

간단히 'replace'라는 문자열 함수를 통해 사용 방법은 살펴봅시다. 동적 콘텐츠 작성 메뉴에서 수식 입력창에 'replace( )'를 입력하면 그림과 같이 안내 메뉴가 나타납니다.

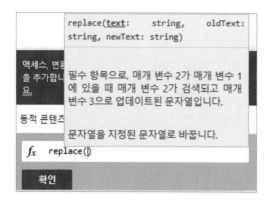

replace 함수에 대한 설명을 보면 text에 oldText를 newText로 변경한다는 뜻입니다.

> replace(text: string, oldText: string, newText: string)

예를 들어, 회사의 이메일 주소가 계정명은 변경되지 않고 '@gmail.com'에서 '@naver.com'으로 도메인이 변경된다고 가정해 봅시다. 이럴 경우 replace(이메일 주소, 'gmail', 'naver')라고 사용하면 이메일 주소를 변경할 수 있습니다. 실제로 테스트해 봅시다. [수동으로 Flow 트리거]를 시작하고 데이터 작업 커넥터의 작성 동작을 추가해 봅시다.

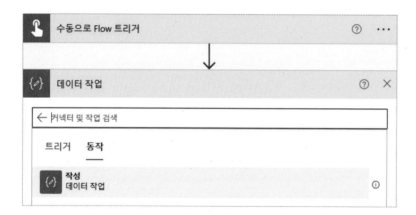

데이터 작업의 작성 동작을 선택하고 입력에 [동적 콘텐츠 추가]를 이용하여 식에서 'Replace( )'를 입력하고 첫 번째 패러미터에 [동적 콘텐츠 추가]를 이용하여 [입력]을 추가하고 'gmail', 'naver'를 입력하면 됩니다.

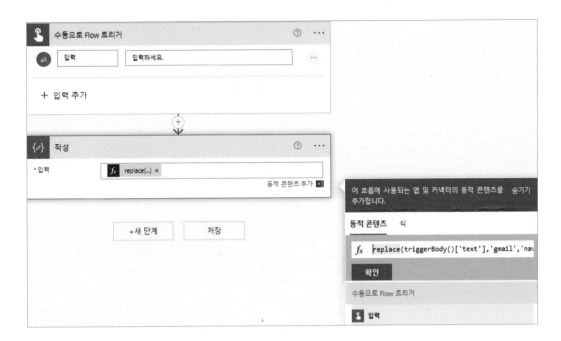

테스트를 해서 입력값에 'bugwan.jang@gmail.com'이라고 입력하면 결괏값은 'bugwan.jang@naver.com'을 얻게 됩니다.

문자열 함수

문자열 함수는 문자열 수정, 문자열에서 문자 찾기, 문자열 형식 지정 등에 사용됩니다. 문자열 함수는 데이터 형식을 지정하거나 변경하려고 할 때 매우 유용한 방법입니다.

문자열 함수의 대표적인 예는 formatNumber 함수입니다. 이 함수는 숫자를 문자열로 변환할 수 있는데, 예를 들어, 숫자 '123456'을 원 표시가 있는 '₩123,456'으로 변경하고 싶은 경우, 표현식으로 formatNumber(123456, 'C3', 'ko-kr')으로 입력하면 결괏값이 ₩123,456이 됩니다.

콜렉션 함수

콜렉션 함수는 배열과 문자열에 사용됩니다. 배열이 비어 있는지 확인하거나 배열의 첫 번째 또는 마지막 항목을 가져오거나 조인, 합집합 및 교차 작업에도 사용할 수 있습니다. 콜렉션 함수의 대표 함수는 length입니다. length 함수를 사용하면 문자열이나 배열의 항목 수를 구할 수 있습니다. 다음 예제는 'Power Automate Basic' 문자열의 문자 수를 계산하는 것입니다.

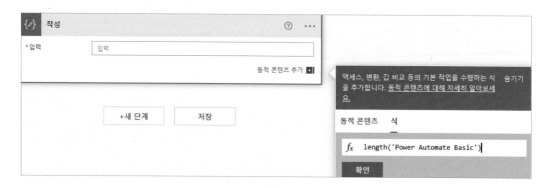

결괏값은 '20'입니다. 주의하실 점은 공백도 하나의 문자로 계산한다는 점입니다. length 함수는 유효성 검사를 할 때 매우 유용하므로 기억해 주세요.

논리 함수

논리 함수는 조건 작업, 숫자 비교 및 기타 논리적 판단을 수행하는 데 사용합니다. 논리 함수 중 If 함수가 대표적인 논리 함수입니다. 숫자 12와 10을 비교할 때, 숫자 12가 10보다 크다면 정답, 그렇지 않다면 오답이 나오도록 논리 함수를 만들 수 있습니다.

당연히 12가 10보다 크므로 결괏값은 '정답'으로 나올 것입니다.

변환 함수

변환 함수는 데이터 유형을 변경하는 데 사용합니다. 숫자는 텍스트일 수도 있고 계산을 위한 정수일 수도 있습니다. 텍스트라면 계산에 사용될 수 없기에 정수형으로 변환하는 작업을 해야 하는 데 변환 함수가 이럴 때 사용됩니다. Int( ) 함수는 문자열을 정수로 변환하는 함수입니다.

이제 문자열 12.4를 실수(부동 소수점 수)로 변환하고 두 문자열 12와 12.4를 비교하는 if 함수를 생각해 봅시다.

if(greater(int('12'), float('12.4')), '정답', '오답')

위와 같이 적용하고 테스트를 실행하면 결괏값이 어떻게 나올까요? 네 결괏값은 '오답'입니다. 12가 12.4보다 크지 않기 때문에 두 번째 매개 변수 - 오답을 결괏값으로 출력하게 됩니다.

수식 함수

수식 함수는 덧셈, 뺄셈, 곱셈, 나눗셈과 같은 기능을 수행합니다. 이외에도 배열 중의 최솟값 또는 최댓값 등도 구할 수 있습니다.

날짜 및 시간 함수

날짜 및 시간 함수는 현재 날짜 및 시간을 호출하고 시간대 변경 그리고 날짜와 시간을 수정하는 사용합니다. 데이터에 날짜 및 시간 값이 필요한 경우 주로 사용하게 됩니다.

특히 Power Automate에서 시간을 불러오는 경우 대부분 UTC(Universal Time Standard, 협정세계시)를 기준으로 사용합니다. UTC와 한국 표준시(Korea Standard Time:KST)와는 9시간 시차가 발생하기 때문에 정확한 시간으로 변경하려면 convertFromUtc( ) 함수를 사용하여 변경해야 합니다.

convertFromUtc(utcNow(), 'Korea Standard Time', 'yyyy-MM-dd hh:mm:tt')

결괏값은 '2023−12−05 13:12:11'과 같은 날짜와 시간을 보여줍니다.

이외에도 참조 함수, 워크플로 함수, URI 구문 분석 기능, 조작 등의 함수가 있습니다.

표현식 작성 방법

표현식 작성하는 방법에 대해 추가로 살펴봅시다. 지금까지 동적 콘텐츠 메뉴의 식을 클릭하여 작성하는 방식을 사용했는데, 이를 클래식 에디터라고 부릅니다. 클래식 에디터는 별도 설정 변경 없이 기본 설정에서 사용할 수 있으나, 함수 입력 공간이 부족해서 좀 더 넓은 입력창을 제공하는 모던 에디터 방식으로 변경하여 사용할 수 있습니다. 만약 모던 에디터를 사용해 보고 싶으면 Power Automate 홈페이지에서 오른쪽 상단의 [설정](⚙)을 클릭하고 [모든 Power Automate 설정 보기]를 클릭합니다.

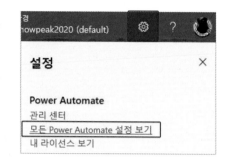

실험적 기능을 '켜짐'으로 변경하고 저장합니다.

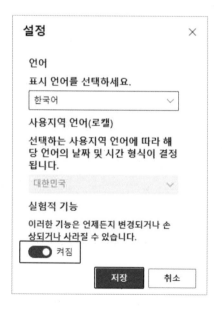

설정을 마쳤으면 모던 에디터로 동일한 utcNow( ) 함수를 사용해 봅시다. 모던 에디터에서는 동적 콘텐츠 추가라는 내용이 나타나지 않으며 *fx*를 클릭하면 그림과 같이 표현식 추가 부분이 나타나고, utcNow( )를 입력한 후 [저장]을 클릭하면 본문에 추가됩니다.

모던 에디터를 사용하는 경우, 함수 입력이 공간이 넓어서 함수 입력이 용이하나 현재는 실험적으로 제공하는 것이기에 오류가 발생할 수 있으므로 주의해야 합니다.

표현식으로 흐름 개선하기

지난 Chapter 07에서 Microsoft Forms를 통하여 코로나 자가 진단 결과를 엑셀에 저장하는 업무 시나리오를 실습했습니다. 엑셀 행에는 '일시, 이름, Email, 자가진단결과'를 입력하게 되는데, 일시를 자세히 살펴보면 우리나라 시간과 9시간의 시차가 발생합니다. 이는 Forms에서 시간을 UTC(Universal Time Cordinated, 협정세계시)를 기준으로 입력하기 때문입니다. 이제 날짜 및 시간 함수를 배웠으므로 시간을 올바르게 입력되도록 흐름을 수정해 봅시다.

01. Power Automate 홈페이지(https://make.powerautomate.com)에 로그인 후 [내 흐름]을 클릭하고, [14 코로나 자가 진단 흐름]을 체크하고 [편집]을 클릭합니다.

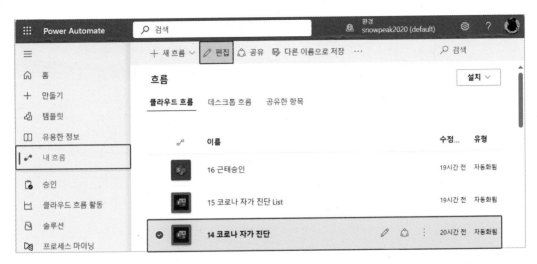

02. [테이블에 행 추가] 작업을 클릭하여 일시에 있는  Submission time ✕ 의 ✕ 를 클릭하여 삭제합니다.

03. [동적 콘텐츠 추가]를 클릭하고 식을 클릭하여 수식 입력창에 convertFromUtc( ) 함수를 활용하여 아래 같이 패러미터를 입력하고 [확인]을 클릭합니다.

convertFromUtc(utcNow(), 'Korea Standard Time', 'yyyy-MM-dd hh:mm:tt')

04. converFromUtc( ) 함수에 마우스를 위치시키면, 그림과 같이 표현식을 확인할 수 있습니다.

05. 저장하고 테스트를 해봅시다. [테스트]에서 [자동]을 선택해서 기존 성공했던 흐름을 다시 클릭합니다.

06. 첫 번째 행은 실제 흐름이고 두 번째 행은 테스트입니다. 일시를 보면 현재 시간이 정확히 입력된 것을 확인할 수 있습니다.

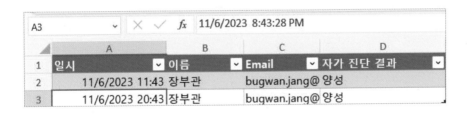

이번 Chapter에서 다루었던 표현식과 함수를 통하여 기존의 흐름을 보다 정확하고 간편하게 작성할 수 있습니다.

MEMO

반복되는 업무 자동화를 위한
파워 오토메이트

1판 1쇄 발행 2024년 5월 8일

저 자 | 장부관
발행인 | 김길수
발행처 | 영진닷컴
주 소 | (우)08507 서울특별시 금천구 가산디지털1로 128
　　　　　 STX-V타워 4층 401호
등 록 | 2007. 4. 27. 제16-4189호

ⓒ 2024. (주)영진닷컴

ISBN | 978-89-314-7467-1

YoungJin.com Y.
영진닷컴